Histo…

写给青少年的世界文明史

1900—今天

·主编 孟钟捷
·沈辰成 李云逸 著

上海社会科学院出版社
SHANGHAI ACADEMY OF SOCIAL SCIENCES PRESS

萨拉热窝刺杀

马克Ⅰ型坦克（雄性）

“风神号”飞机

意大利总理奥兰多（左二）与三巨头

美国“企业号”核动力航空母舰

SAFE DEPOSIT VAULTS
AMERICAN UNION BANK
4 % PAID ON THRIFT ACCOUNTS
AMERICAN UNION BANK
W 37 ST

大萧条期间的银行挤兑

苏联 T-34 1941 年型坦克

“喷火”战斗机

B-29 轰炸机

“卢西塔尼亚号”被击沉

诺贝尔奖奖章

诺贝尔奖证书

阿拉法特（左）与拉宾（右）获得诺贝尔和平奖

索尔维会议与会人员

汽车之城底特律

T 型汽车

在实验室工作的约里奥—居里夫妇

爱因斯坦

核弹之父奥本海默

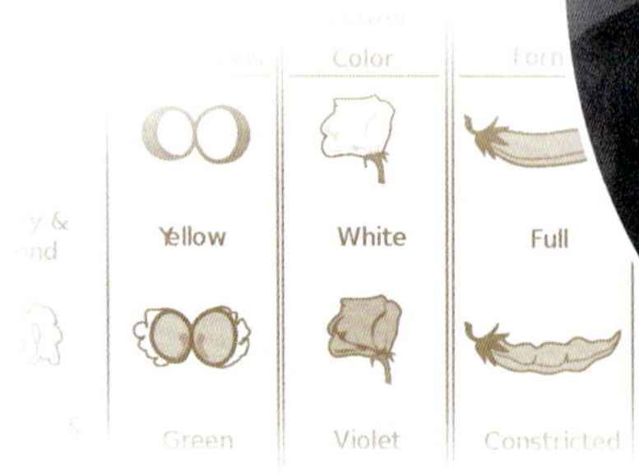

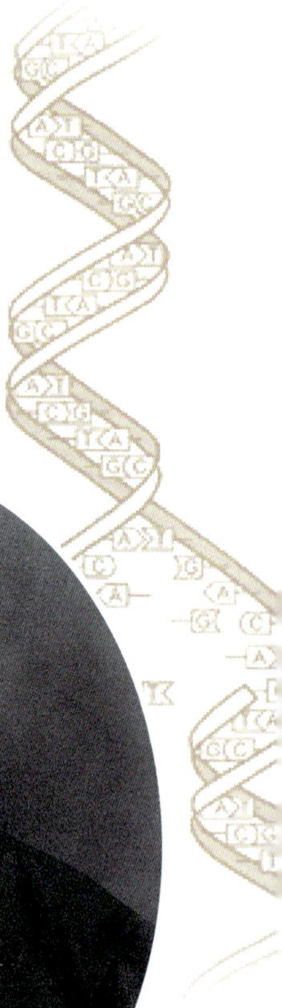

孟德尔

核弹爆炸

能进行表情沟通的机器人“好运”

目录

主题四 冷战的铁幕

主题五 斗争的世纪：第三世界的抗争

主题六 科学的世纪

主题七 人文的世纪

主题八 合作的世纪

主题九　发展的世纪

主题十　幻想的世纪

主题一

第一次世界大战

导言

在弗兰德斯的原野上，
罂粟花随风飘荡。
花朵一行接着一行，
在十字架之间绽放。

1915 年 5 月 3 日，第一次世界大战时期，英军和德军在弗兰德斯的小镇伊普尔激战。43 岁的军医麦克雷目睹自己的好友 22 岁士兵赫尔墨阵亡。望着漫山遍野的罂粟花，麦克雷写下一首小诗《在弗兰德斯的原野上》。后来，这首诗传遍世界，成为著名的反战歌曲。

1914 年 8 月 4 日，两大帝国主义强国——老牌霸主英国和新兴强权德国兵戎相见。第一次世界大战爆发。交战双方是以英法为首的协约国和由德国纠集的同盟国。

1918 年 11 月 11 日，德国特使和联军代表在贡比涅森林的火车车厢里签署停战协定。协约国惨胜，同盟国投降，第一次世界大战结束。

第一次世界大战是有史以来第一场

全球性“世界大战”和第一场现代化的“总体战”。30个国家相继参战，15亿人口卷入战火。而新的科学技术的使用，带来了极大的军民伤亡（3800多万人）和财产损失（3000亿美元）。

今天，在欧美许多国家，11月11日是一个悲伤的日子：第一次世界大战停战纪念日。人们会在胸前佩戴一朵血红色的弗兰德斯罂粟花，纪念无数葬身战场的青年与少年。

1

第一次世界大战的起源

你知道吗？在西方，“双十一”其实是一个非常重要的日子，它是欧洲第一次世界大战停战纪念日。2018 年 11 月 11 日，法国政府隆重纪念第一次世界大战停战 100 周年。这场共造成 3800 多万人死伤的战争是因何而起的呢？

德国的“世界政策”

1888 年，德皇威廉二世即位，逐渐抛弃了“铁血宰相”俾斯麦制定的“均势”外交政策，寻求向海外扩张德国的势力。该政策被称为“世界政策”。威廉二世宣称要“为德国寻找太阳下的一席之地”，将德国建立成与英法相同的殖民帝国。该政策符合当时德国统一后，工商业蓬勃发展，资产阶级开拓海外市场的诉求。

威廉二世

扩展海外殖民地成为“世界政策”的核心。1889 年，德国先后获得加罗林群岛与马里亚纳群岛。1897 年 11 月，德国以“山东教案”为借口强占中国山东地区的胶州湾，并以此为基础建立起在中国山东的政治与经济影响。紧接着，在 1899 年又占领了太平洋上的西萨摩亚。1905 年与 1911 年，德国挑起两次“摩洛哥危机”，以军舰武力相逼，迫使法国放弃部分法属刚果，让德国在 1884 年获得的喀麦隆拥有了出海口。

而大力发展海军是“世界政策”的基础。1898 年德国海军上将提尔皮茨指出，英国将是德国扩张的最大威胁，所以必须按照英国海军 2/3 的数量建设德国海军，这样才能保证殖民地的安全，保证海上通行的自由，并在此基础上继续扩张。1900 年，德国发布海军扩张方案。公海舰队到“一战”爆发时已经有两支全是“无畏舰”的分舰队。其中，第一分舰队装备无畏舰 8 艘。第三分舰队装备无畏舰 5 艘。此外，还有装备了战列巡洋舰与装甲巡洋舰的第一侦察集群。

两大军事集团的形成

1882 年 5 月，德、奥、意组成名为“三国同盟”（Triple Alliance）的军事集团。

法国为打破被欧洲大陆孤立的局面，积极拉拢沙皇俄国。19 世纪 80 年代，沙俄开始了雄心勃勃的工业计划，法国看准这一契机，为俄国提供大量资金，帮助其发展工业与经济，两国关系升温。俄国在 1894 年与法国结盟，即法俄同盟。进入 20 世纪初，德国的战列舰开始“下饺子”一样地纷纷下水，撼动了英国制海权的绝对优势。英国被迫放弃“大陆均势”政策，寻找可以对抗德国的盟友。1903 年英王访问法国，公开表达了对德国扩张的担忧。在全球瓜分殖民地的问题上，英、法、德已形成此消彼长的竞争模式，这同样引起了法国的警惕。1904 年英、法两国便签订了《英法协约》，冰释两国在殖民地争夺问题上的前嫌，共同对抗德国。法国又鼓励英俄结盟。1907 年沙俄与英帝国签订《英俄协约》，防止德国在两国势力范围内扩张。名为“三国协约”（Triple Entente）的军事集团最终于 1907 年成立。

两大对立军事集团的出现，进一步加剧了欧洲强国之间的矛盾。

巴尔干导火索

巴尔干半岛地处欧亚交界，战略位置极其重要。14 世纪以来，巴尔干半岛一直由奥斯曼帝国控制。随着帝国的衰弱，该地区国家纷纷“起义”，并拉拢欧洲强国为自己的独立撑腰。其中，俄国最为积极。然而，1878 年柏林会议后，奥匈帝国却从奥斯曼手中夺取了波斯尼

弗朗茨·约瑟夫皇帝

波斯尼亚和黑塞哥维那首都萨拉热窝

亚和黑塞哥维那，即波黑地区。巴尔干亲俄势力大为削弱。俄奥交恶。俄国从而加大了对塞尔维亚的支持。

斐迪南大公

1912 年与 1913 年，两次巴尔干战争先后爆发，塞尔维亚从奥斯曼帝国手中获得了科索沃地区与马其顿地区，领土向南大为扩张。塞尔维亚民族情绪由此高涨，对奥匈帝国当年吞并波黑表示极大不满。奥塞交恶。

1914 年 6 月，奥匈帝国皇位继承人斐迪南大公携夫人前往波

萨拉热窝刺杀

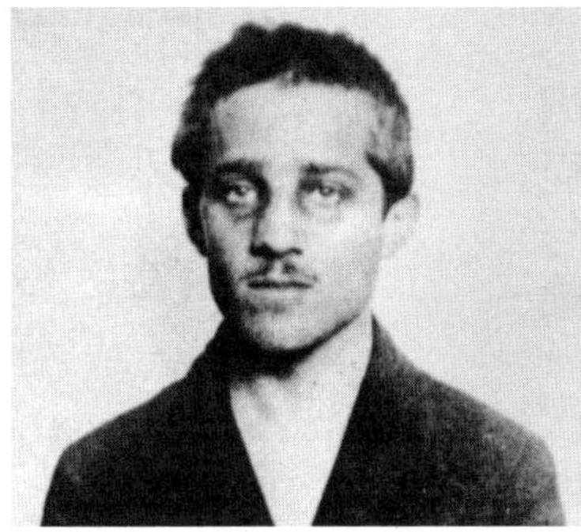
普林西普

黑地区视察。在萨拉热窝，斐迪南夫妇乘坐的敞篷马车遭到塞尔维亚民族主义者普林西普的袭击，夫妇二人被杀。

1914 年 7 月 28 日，奥匈帝国向塞尔维亚宣战。此后，俄国便开始总动员，出兵援助塞尔维亚。鉴于三国协约与三国同盟各国间军事协议的存在，德、意向俄、法、英先后宣战。第一次世界大战随即爆发。

之后，奥斯曼帝国与保加利亚王国分别于 1914 年 8 月与 1915 年 10 月加入“三国同盟”，组成了同盟国（Central Power）。日本、中国与美国则纷纷加入“三国协约”，组成了协约国（Allies）。意大利也转入了协约国。最终，这场人类历史上第一次席卷全球主要国家的战争持续了 4 年之久。

2 坦克与第一次世界大战

2017年7月14日，法国国庆阅兵式上出现了100年前在第一次世界大战中服役的“施耐德”坦克。它被认为是法国研制的第一种坦克。这辆老爷装备与法军现役的勒克莱尔坦克同台现身，展现了百年来这种武器所发生的惊天变化。人类为何会在第一次世界大战中研制出坦克？它的诞生对第一次世界大战产生了什么样的影响呢？

僵局：堑壕战

第一次世界大战爆发后，同盟国开展“施里芬计划”，绕开法德边境重兵，占领卢森堡与比利时，预图攻击法军后方，速战速决。然而，英法联军在巴黎近郊马恩河组织反击，史称“马恩河战役”。“施里芬计划”破产，两方进入堑壕战。

第一次世界大战的战壕是复杂的大面积防御工事。以德军的堑壕系统为例，三条战壕以相距一千米的形式呈锯齿状排列。每条战壕均能互为支援。战壕两侧会用沙袋、木架和铁丝网加固，地面则铺上木板。交战双方战壕之间的空地被称为“无人区”，最长的“无人区”可达 1 千米以上。要进攻对方，必须要穿越“无人区”。然而，被铁丝网阻滞的士兵会遭到机枪与火炮的杀伤。马恩河战役导致英法联军伤亡 25 万人，德军也损失近 30 万人。战斗在 1915 年陷入僵局。

“一战”中的另一场战役：凡尔登战役

德国将军胡蒂尔组建“暴风突击队”，试图打破僵局。在烟幕弹炮击后，小股暴风突击队会携带火焰喷射器和大量手雷，进攻敌人防线的薄弱环节，捣毁敌方火力点和前沿指挥部。随后，主力跟进，扩大战果。在 1916 年索姆河战役的一次战斗中，暴风突击队以损失一人的代价，成功突破英军

索姆河战役里的战壕

战壕。而此时，协约国则想到另一种方式。

破局：坦克诞生

1915年末，一种布满铆钉、造型奇特的车辆被英国人制造出来。它的外形高大威猛，宽宽的履带从其上方穿过。它的重心低矮，运动起来就像一个菱形的轮子，可以轻松突破铁丝网，跨过大小壕沟。车体左、右两旁各设置有一座固定式炮塔。装备两门火炮的，被称为“雄性”。把搭载的火炮改为机枪的，则为“雌性”。一种影响人类历史的传奇武器由此诞生。为了保密，英国人将其命名为“水柜”

马克Ⅰ型坦克（雄性）

马克Ⅳ型坦克（雌性）

（Tank），并对外宣称是用来承载水和食物等补给的容器。该名称沿用至今，中国把这个单词音译为“坦克”。

1916 年 9 月 15 日拂晓，在索姆河战役中，英国首次将坦克投入作战。虽然约 50 辆坦克里只有 18 辆投入战斗，但当战壕中的德军士兵发现多个庞大的身影破雾而出时，他们第一次感受到被“钢铁巨兽”支配的恐惧。德军手中的机枪和步枪都无法击穿坦克的装甲，惊慌失措的士兵连续丢失阵地。当天，坦克带领步兵向前推进了 4—5 千米。此前，英法军队的日平均推进速度仅为 150—200 米。坦克成为协约

坦克与战壕

国眼中缩短战事的“神器”。

终局：机械化战争

协约国试图依靠坦克快速结束战争，遂发动“尼维尔攻势”，但人们并没有合理使用坦克的方法。1917 年 4 月 16 日，法军 120 万人配合 128 辆坦克进攻“贵妇小径”一带的德军。然而，坦克与步兵缺乏配合，第一天就有 57 辆坦克被击毁。步兵则遭到德国火力的猛烈打击，伤亡达 9 万人。此役，法军共伤亡近 18.7 万人。有些部队甚至出现哗变。

直到 1918 年，一种“步坦协同”的概念才由澳大利亚中将莫纳什提出。他要求在进攻中，坦克必须引导步兵前进，为步兵提供保护。他给坦克涂上彩色的标记，以便掉队的士兵也能及时找到坦克。莫纳什还让坦克携带医疗用品与弹药，使之成为“钢铁补给站与休息站”。当然，在他的理论中，坦克不仅仅是“庇护所”。他要求坦克必须持续对敌方进行火力压制，使敌军无法组织有效反击。莫纳什还对飞机进行改进，以便让其能够空投物资，配合地面的战事。这一系列措施，使得机械化条件下的协同作战初现雏形。

莫纳什将军

1918 年 7 月 4 日凌晨，在猛烈的炮火准备之后，协约国军队在坦克与飞机

法国雷诺 FT-17 坦克

FT-17 坦克的驾驶员

的掩护下，向德军战壕发起冲锋，仅用不到 2 小时就结束了战斗。协约国以损失 900 余人的代价击毙德军 2000 余人，俘虏 1600 余人。这是此前需要数天才能达到的效果。莫纳什的理论很快得到推广。1918 年 8 月 8 日至 11 日，协约国发起亚眠战役。在 1000 架飞机、2000 多门火炮与 500 多辆坦克的配合下，协约国军队向前推进了 18 千米。德军损失近 7 万人，彻底丧失战略主动权。11 月 11 日，德国宣布投降，第一次世界大战终于结束了。

3 飞机与第一次世界大战

2019年3月10日，一架隶属埃塞俄比亚航空的波音737客机在起飞后不久坠毁，机上149名乘客和8名机组人员全部罹难，其中，包括19名联合国官员。此次空难再次引起了人们对飞机是否安全的讨论。那么，作为人类历史上伟大的发明之一，飞机是如何走到今天的，又对人类文明带来了哪些影响？飞机是否安全？我们将从三个角度介绍飞机的前世今生。

初上蓝天

受重力束缚的人类自古就有与鸟儿比翼齐飞的梦想。古希腊神话中的工匠代达洛斯用蜜蜡将羽毛粘在自己的双臂上制成翅膀，飞离了囚禁自己的克里特岛。文艺复兴巨匠达·芬奇设计过模仿鸟挥动翅膀飞翔的扑翼飞机。

19世纪末，人类第一架飞机诞生。1890年10月，由法国工程师克雷芒·阿德尔设计的“风神号”首飞。“风神号”模仿蝙蝠造型的翅膀长达13.5米。它由一台蒸汽机来驱动两个竹制螺旋桨。当日，它

“风神号”飞机

以20厘米的飞行高度，飞行了约50米。但是，克雷芒·阿德尔的飞机在飞行过程中是无法操控的。

1901年，美国的莱特兄弟为设计飞机，专门制造了风洞以确定最适合的机翼外形。他们在风洞中共试验了200多种机翼设计，还进行了滑翔试验，发现较长和较窄的机翼能够提供更好的升力。“飞行者一号”在1903年12月17日首飞，以3米的高度，飞行了36.5米。他们用翘曲机翼的方式控制飞机左右侧倾，用尾舵控制上下俯仰与偏移，实现了飞机的“三轴操控”。改进的“飞行者三号”在1905年飞行了38分钟3秒，航程达到39.4千米。人类第一架具有实用价值的飞机就此诞生。

首入战场

第一次世界大战爆发前，欧洲列强的军队中，飞机的数量只能用“数以百计”来形容。法军元帅福煦表示，“飞机只是玩具，没有很大的军事价值”。

1914年，第一次世界大战爆发。德国实施“施里芬计划”，以求快速攻入法国。起初只是“打酱油”的飞机此时

击落 80 多架飞机的德国王牌
红男爵——里希特霍芬

红男爵座机福克 Dr.1

起到了关键作用。1914 年 9 月，法军飞机发现了德军的推进方向，使得英法联军提前加强了阵地防御，成功遏制了德军的攻势，获得了“马恩河战役”的胜利。于是，各国开始加强飞机的侦察功能，在飞机上安装照相机拍摄图片，以分析战场态势。侦察机这一军机种类由此诞生。在大战末期，德军侦察机每天平均拍摄 4000 张照片。

英国 DH-4B 轰炸机

为了消灭敌方侦察机，各国在飞机上搭载机枪，由此又诞生了专门打侦察机的战斗机。1915 年，射

德国福克 E 战斗机

击协调器投入使用。该设备让机枪在开火时其子弹能和螺旋桨的转动错开而不会打中螺旋桨。于是，机枪能被安装在机头瞄准器的位置，增加命中率。装备该系统的德国“福克E”型战斗机，曾让飞行员轻松击落了 40 架敌机，被协约国称为“福克灾难”。

此外，各国还在飞机上装载手雷或炸弹，攻击地面目标，轰炸机诞生了。

飞机使人类的战争形态从平面变为立体。

空中巴士

第一次世界大战结束后，为战争而生的飞机没有了用武之地，转向了民用。1919 年 1 月 10 日，英国皇家空军开设了定期的伦敦至巴黎空运旅客和邮件的服务。由于是用作战飞机进行改造，飞机只是拆除武器或装上了简单的封闭式座舱，其舒适程度可想而知。同时，由于发动机的不可靠性，加上天气与燃油搭载量的问题，一架从伦敦至巴黎的飞机曾经中途降落 14 次。旅客亟需一款专用的客机。

1933 年 2 月，美国波音公司的波音 247 型飞机首飞。

这是人类历史上第一架半金属结构可收放起落架的单翼客机，并且它装备了自动导航系统。

1935 年 12 月 17 日，美国道格拉斯的 DC-3 客机首飞，可搭载 30 名乘客，只需降落加油一次，便能横越美国。其对民航带来的革命性突破在于，DC-3 首次在飞机上安置了厨房，为旅客提供热餐服务。此前，乘客及机组如需用餐，只能让飞机先降落，在机场附近旅店解决，十分不便。此外，DC-3 还增设了床位，极大增加了航空旅行的舒适性。DC-3 成为人类航空史上深受欢迎的客机之一，至今一些国家仍在使用。

飞机的民用化，改变了人类的出行方式，使得人员与物资能快速地到达全球各个角落，加快了全球一体化的进程。

虽然民航客机偶尔会发生空难，但是，飞机依然是目前最为安全的交通工具。

DC−3 客机

DC−3 内部

2019 年是五四运动爆发 100 周年。五四运动的爆发将中国的社会与政治变革带入了新的历史时期，意义非凡。不过，引发五四运动的事件并不发生在中国，而是在欧洲的巴黎。那么是什么事件引发了这场中国的运动？它又给欧洲乃至世界格局带来什么样的影响呢？

巴黎和会

1919 年 1 月 18 日，协约国集团作为胜利方，为了解决第一次世界大战所造成的种种问题，探讨战后的秩序重建，在巴黎的凡尔赛宫开了个会议，史称“巴黎和会”。参加巴黎和会的各国代表有 1000 多人，其中全权代表有 70 人。这是继 1815 年就“拿破仑战争”问题举行的“维也纳会议”之后，规模最大、规格最高的讨论世界格局的列强会议。然而，与维也纳会议不同，巴黎和会由胜利者单方面决定条约的内容，战败者没有出席和讨价还价的机会。此外，由于人数过多，难以有效运作，最后，会议还是由大国主导。美国总

威尔逊

劳合·乔治

克莱蒙梭

统威尔逊、英国首相劳合·乔治、法国总理克莱蒙梭成为和会上的“三巨头”，影响着会议的进程。

事实上，美、英、法同床异梦。英国想要海上霸权、殖

意大利总理奥兰多（左二）与三巨头

民霸权与欧陆均势。法国希望控制欧陆。美国则想称霸世界。每一个国家都会与另两个国家互为对手。于是乎，这场会议持续到1920年1月才结束。会议期间，协约国与同盟国签署了《巴黎和约》，包括对德《凡尔赛条约》，对奥《圣日耳曼条约》，对保《纳伊条约》，对匈《特里亚农条约》以及对土《色佛尔条约》。

《凡尔赛条约》

《巴黎和约》中，以针对德国的《凡尔赛条约》最为著名。

条约对德国的军事能力实施了“降维打击”，将不可一世的德国军队削减为一支“安保大队”。总军人数量被限制在10万人以下，只能保留7个步兵师与3个骑兵师。征兵体系被废除，现有的士兵至少要服役12年。此外，德国还不得生产或贮存化学武器、坦克及军用飞机，并禁止组建空军。

《凡尔赛条约》签订现场

条约也沉重打击了德国的经济，要求德国政府对自己的侵略行为所造成的战争损失和破坏负责，赔偿 2000 亿金马克。该赔款数额直接让战后的德国经济休克。德国政府只得一拖再拖，导致 1923 年法国出兵占领德国鲁尔煤矿区，“武装逼债”。最终，美国先后提出“道威斯计划”与“杨格计划”按梯度分期付款，危机才有所缓解。

而根据条约规定，德国亦将失去 6.5 万平方千米的领土和近 700 万人口。比如，普法战争之后被德国占领的阿尔萨斯-洛林被法国收回。而德国在海外的殖民地与租界也交由战胜国托管。比如，德国在非洲的殖民地喀麦隆交由英、法托管。

而条约不顾中国请求，将德国在山东的权益转让给日本一事，引起了国人的愤慨，导致了五四运动的爆发。中国代表团因此未在条约上签字。

凡尔赛-华盛顿体系

在巴黎和会之后，美国于 1921 年下半年向英、日、法、意等国发出邀请，“参加一个关于限制军备的会议”。1922 年 2 月，五国在华盛顿签订关于限制海军军备的条约。有效期到 1936 年 12 月 31 日为止。美、英、日、法、意的战列舰总吨比例被限制在（万吨）52.5 ∶ 52.5 ∶ 31.5 ∶ 17.5 ∶ 17.5。战列舰排水量不得超过 3.5 万吨，主炮口径不得超过 16 英寸，按此标准建造的战列舰也被称为“条约战列舰”。五国海军由此进入被称为“海军假期”的低速发展时期。

依据巴黎和会与华盛顿会议所签条约建立的战后世界体系被称为“凡尔赛-华盛顿体系”，它在全球范围内建立了重新分割世界、维护战胜国利益、限制武器发展与军备竞赛，并维持战后和平的新秩序。在这个体系中，欧洲经过了大战的创伤，开始走向衰落。美国开始参与国际事务，向欧洲列强发起挑战。中国经过五四运动，救亡图存与启蒙并行。日本强化了自身实力，由于在凡尔赛-华盛顿体系中没有获得实际利益，所以对该体系存在不满，开始在亚太地区挑战欧美。而游离于体系之外的苏俄，则被整个欧美国家视为敌对力量。在看似和平的世界环境中，暗流涌动，新的危机正在酝酿。

主题二

危机和变革时代

导言

“我志愿来到这里，为了拯救西班牙和全世界的自由，献出最后一滴鲜血。”1936 年，加拿大医生白求恩赶到西班牙首都马德里。他许下誓言：为西班牙的自由而战。

1936 年，白求恩不是一个人在战斗。4 万青年从中国、英国、美国和世界各地赶来。他们共有一个名字：国际纵队。

为什么世界各地的热血青年要为西班牙的自由而战呢？

20 世纪 20—30 年代，世界进入充满危机和变革的年代。

1929 年，经济大萧条猝然爆发。全球 30 万家企业倒闭，3000 万人失业，生产萎缩 40%。

1933 年，政治动荡接踵而至。希特勒夺取德国政权。纳粹德国大肆对外扩张。

世界一分为二。一边是以德国为首的法西斯阵营，另一边是世界各国的反法西斯力量。由此，西班牙成为法西斯和反法西斯角力的战场。

1936 年 2 月，西班牙举行民主选举，以共产党为首的人民阵线取胜。

1936 年 7 月，军阀佛朗哥发动叛乱，叛军图谋推翻西班牙共和国，史称西班牙内战。

内战爆发以后，纳粹德国出动大批军队，支持佛朗哥叛军。与此针锋相对，进步力量组成国际纵队，支持共和国政府。

而与经济大萧条不一样的，是苏联的经济状况。

2017年11月，俄国“十月革命”迎来了100周年，全球各界人士纷纷纪念。这场革命是如何发生的？这场革命对俄国和人类文明产生了什么影响？

十月革命

1917年，沙皇俄国在第一次世界大战中已阵亡170万人，495万人负伤，士气低落。3月8日，圣彼得堡庆祝国际妇女节的游行突然演变为人民请愿结束战争的活动。军队随之哗变，围攻政府机构。3月15日，沙皇尼古拉二世退位，俄罗斯帝国覆灭。俄国建立了资产阶级临时政府。由于该事件发生在俄历二月，故称“二月革命”。然而，临时政府选择继续参与第一次世界大战。

此时，流亡在外的列宁从瑞士回到俄国。列宁于1870年出生在现今的乌里扬诺夫斯克。他在1887年左右接触到马克思的《资本论》，并坚信资本主义必将被共产主义取代。1903年，他成为俄国社会民主工党领导人之一，主张马克思主义，成为党

十月革命

内多数派，即俄语的“布尔什维克”。

在 1917 年 4 月的全国工人代表大会（苏维埃）上，列宁提出《四月提纲》，要求将俄国革命推进到第二阶段。他指出，无产阶级政党要听取人民的心声。临时政府不能给人民带来和平，就要将其推翻，把政权交到苏维埃手中，建立无产阶级专政的政府。

1917 年秋天，由于战争的持续，俄国出现大饥荒。到 1917 年 9 月，80 多个地方苏维埃支持列宁的社会民主工党。革命时机成熟。到 10 月底，列宁手中的革命武装已达 20 万人。11 月 7 日，革命武装控制了圣彼得堡的多处政府机构，并包围冬宫。11 月 8 日凌晨，冬宫被占领，临时政府投降。因为正值俄历十月，故称“十月革命”。

列宁在演说

社会主义道路的探索

1918年3月，列宁召开会议，正式将俄国社会民主工党改名为“俄国共产党”，并建立党的中央政治局。1918年7月，新宪法批准通过，俄罗斯苏维埃联邦社会主义共和国成立，并将实现共产主义作为奋斗目标。

第一次世界大战的结束让列宁看到世界共产主义革命的希望。1919年3月，共产国际第一次代表大会在莫斯科召开，列宁鼓励各国共产党学习俄共经验，通过暴力革命的方式推翻资本主义政权。但红军在波兰的战败和德国共产主义革命的失败让他认清了现实。此时，1918年6月开始实施的战时共产主义政策也出现偏差，到1920年，苏俄的工业

莫斯科红场

产值在全国经济中只占四分之一。

1921年3月，列宁提出了新经济政策。苏俄废除了“战时共产主义”中的余粮收集政策与配给制度。同时，除4500家重要大型企业由国家管理外，其余企业都可出租或者由私人经营，并且之前国有化的小型企业也交由原业主经营。此外，苏俄还同意外资企业开展投资活动。

新经济政策的实施使得苏俄经济得到恢复。农民不再担心余粮会被无偿征集，所以劳动积极性空前高涨，粮食产量迅速超越了革命前的水平。而棉纺等轻工业产值与重工业产值都得到了显著的提升。这为如何建设社会主义提供了新的思路。

苏联社会主义模式的确立

1922 年 12 月 30 日，由俄罗斯、乌克兰、白俄罗斯和外高加索联邦共同组成的苏维埃社会主义共和国联盟（简称“苏联”）正式成立。1924 年 1 月 21 日，列宁逝世。斯大林在统一了党内思想后，成为苏联的最高领导人，开启了斯大林时代。

斯大林为了尽快提升苏联的国力，放弃了新经济政策，采用了由国家主导的计划经济。经济问题有三连问：生产什么、怎样生产和为谁生产。在计划经济体系中，这些都由国家统一规划。1928 年，在斯大林的指导下，苏联开始执行第一个五年计划。斯大林认为必须形成“社会主义公有制”，所以，“一五”计划的重点之一是将大量小农庄合并成大型的“集体农场”，实现机械化耕作。到“一五”计划结束时，集体农场数达 20 余万个，而工业产值在工农业总产值中占到了 70%。苏联成为工业-农业国。“二五”计划于 1933 年开始，斯大林要求使苏联成为欧洲先进国家。到 1938 年，苏联工业总产值增长了 1.2 倍，生产资料的生产增长了 1.4 倍。钢产量到 1938 年已达 1800 万吨，仅次于美国和德国。而苏联的工业总产值仅次于美国。同时，国民收入则增长了 1 倍。在计划经济下，苏联仅用两个五年计划就基本成为工业化强国，堪称奇迹。这种模式也因而被称为“苏联社会主义模式”。该模式成为冷战时期社会主义国家的主要经济模式，开辟了资本主义之外的经济发展新道路。

1929年，从美国开始，发生了席卷资本主义世界的经济“大萧条”。这场危机因何而起？美国政府又是怎么面对并走出危机的呢？

大萧条

1929年10月末，美国股民连续遭遇4个“黑色”。1929年10月24日，周四，华尔街股市出现下跌趋势，引起恐慌。在当日，有创纪录的1290万股被抛出。10月

大萧条期间的银行挤兑

华尔街股灾时的街景

25日“黑色星期五”与28日“黑色星期一”之后，10月29日，股市仍在下跌。当日，股民抛出1600万股，再次刷新纪录。大量股民瞬间陷入极度贫困的境地。股市的大崩盘直接影响了美国企业，导致众多公司破产倒闭或大量裁员。商业银行由于之前多将储户的资金投入股票，导致它们大规模破产，美国信贷市场随即崩溃。个人持有的可用货币也极大缩水，社会购买力急速下降。以上种种连锁反应严重冲击了美国经济。在1929到1932年间，美国工业产值下降46.2%，对外贸易缩减70%。到1930年，国民收入已从870亿美元降至750亿美元。到1932年，进一步下降到420亿美元。1933年，失业人口达到惊人的1200万—1300万人。这段时期被人们称为“大萧条”。

第一次世界大战后，美国取代英国成为世界各大国主要的经济伙伴。柯立芝在1923—1929年任总统期间提出了

“美国的事务就是做生意”的口号，全球的经济联系强化。故而，此时美国的“大萧条”导致了整个西方世界的经济衰败。英、法两国工业产值锐减 16.5% 与 28.4%，德国工业产值锐减 40.6%。

这次大萧条的原因，专家们众说纷纭。但普遍的解释是，由于 20 世纪 20 年代的繁荣发展，大量资金涌入股票市场，疯狂的投机活动造成经济繁荣的假象，股票价格虚高，形成经济泡沫。

3R 政策

美剧《权力的游戏》第八季结尾，布兰·史塔克坐着轮椅成为六大王国国王，挽救危局。网友戏称，这是隐射美国总统罗斯福。罗斯福何许人？富兰克林·罗斯福于 1882 年 1 月 30 日出生在纽约州。依靠家族的盛名与财富，他仕途顺畅，1910 年成为纽约州议员，1913 年成为海军助理部长。1920 年他就参加了总统竞选。1932 年再次参选后，他当选美国总统。他在 1921 年患上格林-巴利综合征，下肢瘫痪，只能坐轮椅出行。正是这位

罗斯福

身残志坚的总统试图带领美国走出“大萧条”。

1933 年，上台后的罗斯福提出应对“大萧条”的三大政策：救济（Relief）、改革（Reform）与复兴（Recovery），又称“3R 政策”。救济与改革是其中的核心。

罗斯福签署法案

救济，主要针对农户与失业的人群。罗斯福建立了联邦紧急救济总署与公共事业振兴署。政府不再发放救济金，而是雇用大量失业人口进行公共工程建设，“以工代赈”。1933 年 11 月，通过《全国工业复兴法》，政府拨款 33 亿美元用以完成 18 万项工程计划与工资支付。而对于农户，1933 年

以工代赈

胡佛水坝

5 月，国会通过《农业调整法》，向农民提供补贴，提高农产品价格。

改革，则针对美国的金融体系。1933 年，《银行法》出台，限制商业银行的证券交易活动，限制商业银行与投资银行的合作，以遏制投机行为。美国证券交易委员会于 1934 年成立，监管股票市场。同年，美国又出台《美国购银法令》《黄金储备法》，大量收购白银，禁止黄金出口，放弃了金本位，增加了货币供应量。

新政终结萧条？

英国经济学家凯恩斯在 1936 年指出，在经济危机爆发时，私营企业没有充足的资金用来维持生产，导致失业率上升。为了让人们都得到工作，政府必须介入经济运行中，增加支出或大幅减税。“罗斯福新政”对美国经济的大规模干预，被认为具有“凯恩斯主义”色彩。新政对金融系统的改革，消除了因银行倒闭而引发的挤兑潮。政府实行了存款保险，使美国的银行制度得以稳定。美国人的福利保障也在新政期间得到加强。

然而，学界的主流看法是，“大萧条”的影响并未因“罗斯福新政”而终结。在第二次世界大战爆发前，1938 年初，美国经济又出现了严重衰退，工业萎缩，失业人口增加。第二次世界大战爆发后，来自各方的物资与武器订单激增，美国失业率下降。第二次世界大战使美国工业产值提升了 1.2 倍，大大高于新政带来的效果。

2017年8月5日上午，在德国柏林市中心的国会大厦前，两名游客被警方拘捕。警方称这两人互相行纳粹礼，并且用手机为对方拍照。两名游客均被处以500欧元的罚款。“纳粹”是什么？为何现在的德国对“纳粹”如此敏感？这是一段怎样的历史呢？

“金色二十年代”的终结

为解决第一次世界大战后的德国赔款问题，美国提出“道威斯计划”，借钱给德国人，让其发展经济，以便去还欠英国与法国的赔款。从1924年开始，德国得到来自美国的百亿马克贷款。而其在1924年到1928年间只需赔款110亿马克。这比《凡尔赛条约》规定的1320亿马克的负担大为减轻。两项利好使得德国经济重新发展。这一时期被德国人称作“Goldene Zwanziger”，即“金色二十年代”。在此期间，柏林成为欧洲大陆工业化程度最高的城市。柏林地铁在1924年逐步电气化，基本满足了400多万人的出行，堪称奇迹。1926年，汉莎航空在柏林坦佩尔霍夫机场成立。这里成为人类历史上最早开通地铁的机场，并成为极为繁忙的现代化机场之一。

然而，1929年美国股市崩盘引发的“大萧条”很快就波及德国。美国对德国的援助贷款停止。德国工业产值减少40.6%，仅次于美国；对外贸易也锐减。到1933年初，德国失业人口已达600万人，占总劳动人口的三分之一。尽管后来“杨格计划”取代了“道威斯计划”，使德国的赔偿总额减少了14%，但德国仍无力偿还。整个德国社会陷入动荡，政治极端主义抬头，“金色二十年代”就此终结。

纳粹德国的建立

阿道夫·希特勒由此走上历史的前台。他曾两次报考维也纳美术学院，但都未如愿，被迫浪迹街头。第一次世界大战爆发后，他加入了同盟国军队，发誓为德意志的“复兴”而奋斗。1921年，他成为纳粹党的党魁。1929年经济危机爆发后，希特勒抓住机会，向民众承诺减少失业人口，并对经济进行改革，使人民得到“国家的保护”。一系列的宣传让纳粹党在国会中的席位从1928年的12席飙升到1930年的107席。1932年，纳粹党成为德国国会第一大党，占据了43%的席位。参加纳粹党的人数也达到了100万以上。1933年1月30日，希特勒成为德国总理。

纳粹集会

为了扩大权力，1933 年 2 月 27 日，国会纵火案发生后，希特勒屠杀共产党员，并宣布取消公民人身自由和通信自由的权利。同年 3 月 23 日，希特勒废除“三权分立”，使自己掌控的内阁权力最大化。1934 年 8 月 2 日，希特勒宣布废除总统制，并通过立法使自己成为终身制的德国“元首”。1939 年 7 月，纳粹党宣布“大德意志帝国”建立。

纳粹党采用“国家干预主义”来恢复德国经济。政府对企业实施严密的管控，严禁企业延长劳动时间与解雇工

希特勒

戈培尔，纳粹德国的宣传部长

人。为减少失业率，1933年6月1日，纳粹政府拨款10亿马克，实施“第一条减少失业法令”，组织建设大型的公共工程，比如全国高速公路网、铁路网、邮政网络等。到1933年底，失业人口出现大幅度减少的趋势，但是，这些政策排斥犹太人和女性。1935年，纳粹政府重整军备，恢复普遍兵役制，并吸纳更多人口进行军事物资生产。到1936年，纳粹德国宣称实现了充分就业。到1937年，德国工业产值已居资本主义世界第二位。这些成就巩固了希特勒

意大利独裁者墨索里尼，纳粹德国的重要盟友

的统治。但是可以说，这是大力发展军工的结果。到 1939 年，德国军火产量已是英、美两国总和的两倍以上。军工产品的比重在工业生产中已达 23%。

事实上，1929 年的经济大萧条成为欧洲政治极端势力的温床。与纳粹德国相似，在意大利，墨索里尼建立了法西斯政权；在西班牙，佛朗哥建立了独裁政权。

纳粹暴行

尽管希特勒的纳粹政权带领德国走出了“大萧条”，但是纳粹德国却给人类文明带来了深重的灾难。1939 年 9 月 1 日，德军闪击波兰，拉开了第二次世界大战欧洲战场的序幕。这场人类历史上规模最大的全球战争，共造成约 7000 万人死亡，也给德国人民造成了深重的灾难，共有数百万德国平民死亡，基础设施遭到严重破坏。

希姆莱，纳粹德国党卫队头目

纳粹政权还大搞种族歧视和人口“净化”，尤其是针对犹太人进行大屠杀。希特勒鼓吹犹太人密谋控制世界、反对雅利安民族的征途。在第二次世界大战期间，共有约 600 万犹太

纳粹德国建立的奥斯维辛集中营

人遭到屠杀。其中最臭名昭著的是纳粹建立在波兰的奥斯维辛集中营。在 1940 年 5 月到 1945 年 1 月间，该集中营关押着被纳粹视为下等民族的犹太人、罗姆人和斯拉夫人。纳粹在这里用毒气等方式，屠杀了约 110 万人。

第二次世界大战结束后，德国政府严禁宣传纳粹思想，严禁使用纳粹标识物品，包括行纳粹礼。

安倍晋三任日本首相期间，曾多次以“内阁总理大臣”的名义，向靖国神社供奉祭品，引起了亚洲国家的警惕。为何这一举动会遭到国际社会的抵制？因为这里供奉有对中国人民乃至世界人民犯下滔天大罪的战犯。

新战争策源地

第一次世界大战之后的和平环境导致日本以向欧美出口军需物资为主的工业生产凋敝。在 1921 年到 1929 年之间，日本工业产值年增长率较低。受美国“大萧条”的影响，在 1929 年到 1931 年之间，日本工业产值下降，人口失业率攀升。

一方面，日本大藏省（财政部）通过贬值日元来刺激经济。日本的棉布出口量以超低价优势，迅速增长。1933 年，日本成为世界几大棉布出口国之一。1936 年，日本超过美国成为最大的人造丝出口国。纺织业成为日本经济走出萧条的驱动力。然而，依靠纺织品出口赚取的外汇基本被用于军事工业的发展。

另一方面，日本军部蠢蠢欲动，其中最具代表性的是时任关东军参谋石原莞尔的主张。陆军出身的石原莞尔大肆鼓吹“战争万能论”。他强调需要通过战争破坏旧有文明以创造新的文明。他认为日本资源匮乏，要发动战争就必须对中国、东南亚与澳大利亚进行军事征服，开展移民，建立更强大的工业，“以战养战”。石原莞尔甚至认为日本是东方文明的代表，而美国是西方文明的代表。对亚太的征伐就是为了和美国开展文明的终极之战。其观点得到不少军国主义者的支持。由此，日本在经济与思想上都做好了对外侵略的准备。

亚太战争

中国成为日本对外侵略的第一个目标。1931 年 9 月 18 日，日本关东军制造了九一八事变，攻打沈阳北大营。中国人民奋起抵抗，抗日战争打响。至 1932 年初，东三省全部沦陷。1937 年 7 月 7 日，卢沟桥事变爆发。战争进入战略防御阶段（1937 年 7 月—1938 年 10 月）。日军进攻平津地区，华北沦陷。1937 年 8 月 13 日，淞沪会战爆发，南京国民政府与日军在上海及周边地区展开大会战。12 月 13 日，国民政府首都南京失守。日军制造了惨绝人寰的南京大屠杀，导致 30 多万人遇难。

1940 年开始，日本进军东南亚。1940 年 9 月，日军登陆越南海防市，与法国“共管”中南半岛的殖民地。1941

珍珠港事件

年 12 月 7 日，日本海军偷袭美国珍珠港，太平洋战争爆发。1941 年 12 月 8 日，日军多路出击，以“殖民地解放者”的姿态进攻英属马来亚、美属菲律宾与关岛。1942 年 1 月和 2 月，日本又先后入侵缅甸和新加坡。

帝国覆灭

1938 年开始，抗日战争经历了战略相持阶段（1938 年 10 月—1943 年 7 月）与战略反攻阶段（1943 年 7 月—1945

年 9 月）。中国共产党积极领导敌后战场的抗日斗争，消灭日军与伪军 171.4 万人。到 1945 年春，全国已有 18 个解放区，总面积约 95 万平方千米，人口 9550 余万。而国民政府则在正面战场组织了长沙会战等 6 场会战，使日军伤亡达 10 余万人。此外，国民政府还派出远征军进入缅甸，配合盟国作战。中国战场牵制了日军的大部分兵力。日军共投入 410 万人，被中国歼灭约 170 万人，这为盟军在太平洋战场的胜利奠定了坚实的基础。

在太平洋地区，1942 年中途岛战役之后，日本海军损失巨大，开始由战略进攻，转向战略防守。美军接连攻下硫磺岛和冲绳岛。B-29 轰炸机则对日本本土展开密集轰炸，日本工业设施尽毁。1945 年 8 月 6 日和 9 日，美军分别在广岛和长崎投下原子弹。8 月 8 日，苏联对日宣战。8 月 15 日，日本天皇下诏，宣布投降。

1945 年 9 月 9 日，日本向中国递交降书。按照 1943 年的《开罗宣言》，中国光复了包括东三省、台湾及澎湖列岛在内的所有被侵占领土。

日本的投降，标志着第二次世界大战的结束。

但是，日本对在第二次世界大战中犯下的罪行未予充分悔过，未能与军国主义彻底划清界限。多任日本首相还参拜供奉着第二次世界大战甲级战犯的靖国神社，引起亚洲人民的极度不满。

日本投降

主题三

第二次世界大战与军事科技

导 言

“俄罗斯虽大，但我们已经无路可退——我们身后就是莫斯科！”

1941 年 11 月 16 日，莫斯科郊外，苏联红军和纳粹德军展开了一场力量悬殊的战斗。德军大批坦克发起冲击，苏军第 316 步兵师的 28 名战士坚守阵地。

千钧一发之际，年轻的红军指导员高呼口号，冲向坦克引爆手雷，德军坦克中弹起火。经过 4 个小时激战，28 名苏军勇士牺牲殆尽，18 辆德军坦克丧失战力。阵地岿然不动。

28 名勇士被称为“潘菲洛夫 28 勇士”。这场战斗被载入史册，它是莫斯科保卫战中的无数战斗之一。莫斯科保卫战是苏联卫国战争中的无数战役之一。卫国战争是第二次世界大战中诸多战争之一。

第二次世界大战有多项世界历史战争之最：参战国家最多，战争损失最大，历史影响最大。60 个国家相继参战，20 亿人口卷入战火。军民死亡 7000 余万人，财产损失 5 万多亿美元。

第一次世界大战是欧洲列强争夺霸权之战。第二次世界大战是正义力量和邪恶势力的对决。

轴心国——德国、日本和意大利等组成法西斯阵营。

1931 年，日本入侵中国东北，这是第二次世界大战东方战场的起点。

1939 年，德国入侵波兰进而迅速征服欧洲的大部分国家。这是第二次世界大战欧洲战场的开端。

同盟国——中国、美国、苏联、英国和法国等组成反法西斯阵营。

1941 年，德国入侵苏联，苏德战争爆发，此时，苏联是欧洲大陆最后的反法西斯堡垒。

莫斯科保卫战是苏德战场的第一个转折点。苏军付出巨大牺牲力挫德军兵锋，从而扭转战局。

2019 年 5 月 9 日，俄罗斯首都莫斯科举行了一年一度的红场胜利日阅兵。阅兵的目的，其一是纪念第二次世界大战胜利，其二是展现先进装备。然而，引领整个装备方阵的，却是一辆第二次世界大战时期的 T-34 坦克。为何一辆老式坦克能打头阵？坦克这种武器又对第二次世界大战产生了怎样的影响呢？

德国与法国：战术

第一次世界大战后，作为欧洲第一陆军强国的法国将坦克看作“行走的碉堡”，支援步兵作战。法国的 B1 坦克是该理论的

法国 B1 重型坦克

直接产物。B1 在车体上搭载一门 75 毫米（口径，下同）榴弹炮，为步兵提供火力掩护。炮塔上则装备一门 47 毫米火炮，用以摧毁装甲车辆。其装甲最厚处达 60 毫米。与之相比，德国坦克可谓“皮薄肉嫩”。作为主力的“三号”E 型和 F 型坦克，其正面装甲厚度仅 30 毫米。而其装备的 37 毫米火炮根本无法击穿 B1 的装甲。1940 年 4 月，法军仅凭借一辆 B1 坦克就击毁了德军 13 辆坦克。

但是，德国在 20 世纪 30 年代产生了新的机械化战争理论。古德里安提出装甲部队必须独立编成，集中运用，而并非步兵的附庸。在用飞机和火炮于敌军正面撕开缺口后，坦克部队蜂拥而入，迅速破坏敌方指挥系统和交通枢纽。机械化步兵随后跟进，将敌军分割包围歼灭。这套战术在后来被称为“闪击战”。

德国三号坦克

1939 年 9 月，德国应用该战术入侵波兰，第二次世界大战在欧洲打响。仅用 1 个月时间，德国就占领了波兰。1940 年，德国装甲部队绕过法国苦心经营的“马奇诺”防线，包围了防线守军，南下入侵法国。1940 年 6 月 22 日，法国投降。

德国与苏联：设计

苏联 T–34 1941 年型坦克

1941 年，德国闪击苏联，拉开东线战场的序幕，但很快就遭遇了“T-34 危机”。苏联的 T-34 坦克是第二次世界大战中最为优秀的中型坦克，达到了坦克设计上火力、防御与机动的平衡。T-34 开创性地在车体上采用 60 度的倾斜装甲。虽然装甲厚度只有 45 毫米，但是等效于 90 毫米厚的垂直装甲，使得只有 26 吨的坦克拥有了第二次世界大战早期重型坦克的防护力；其行驶速度达到了 50 千米 / 小时；装备的 76.2 毫米火炮开创了大口径坦克炮的先河。T-34 对当时的德军造成了极大冲击。德国不得不研制、投入虎式重型坦克，以及效仿 T-34 设计的黑豹坦克来应对。而 T-34 也在 1944 年换装了 85 毫米火炮，增加了装甲，即 T-34/85 坦克。

德国黑豹坦克

T-34/85 坦克

1943 年，在列宁格勒与斯大林格勒的保卫战获胜后，苏军在库尔斯克与德军爆发了人类历史上最大规模的坦克战。苏军投入了 5128 辆坦克，其中 T-34 坦克为主力。德军则投入了 2928 辆坦克。最终，苏军在损失了近 5000 辆坦克后，获得了库尔斯克会战的胜利。德军此役损失达 36 万人，彻底丧失了东线战场的战略主动权。苏军走向全面反攻。T-34 引领着苏联红军直到柏林城下，被称为“胜利坦克”。

如今，在俄罗斯和东欧，能看到不少由 T-34 坦克建成的纪念碑。而由于其优秀的设计，一些国家至今仍在使用这款坦克。

德国与美国：生产

1944 年 6 月 6 日，盟军发起了诺曼底登陆战，开辟西线战场。登上欧洲大陆的盟军遇见了来自东线战场的怪物：

德国虎式坦克

虎式坦克。其正面装甲厚度达100毫米，火炮口径为88毫米，可在1000米的距离上击毁T-34。虎式坦克的威力归功于“德国制造”的复杂与精密，虽然其重量达57吨，其速度却能达到40千米/小时。精致的虎式坦克使德军在战术层面拥有极大优势。例如，1944年6月13日，1辆虎式坦克在诺曼底波卡基村击毁英军27辆坦克与装甲车辆。但是，复杂的结构也使虎式坦克产量受限，至第二次世界大战结束只生产了1300余辆。而更为强大的“虎II”坦克，产量仅有450辆。

与之相反，盟军使用的美国“M4谢尔曼”坦克，得益于美国先进的流水线，产量达5万辆之多，是第二次世界大战泛用性最好的坦克。M4的短管75毫米火炮无法从正面击穿虎式坦克，其63毫米厚的装甲也很容易被击穿。但它却

美国 M4 坦克

凭借数量优势，碾压了德军。当后期型 M4 换装威力更强的火炮之后，德国坦克已无招架之力。

为扭转战局，希特勒决定集中兵力于阿登地区发动反击，夺回主动权。1944 年 12 月 16 日，德军发起突袭，迅速分割、包围美军，并与其对峙于巴斯托尼地区。12 月 25 日，美德爆发坦克大战。德军坦克损失殆尽，不得不于 26 日撤退。到 1945 年 1 月，德军伤亡 10 万余人，损失坦克 700 多辆。至此，希特勒已无后备力量可用，无法阻挡盟军进入德国了。

航空母舰已成为“国之重器”与远洋海军的象征。然而，起初这一装备并未受到人们的重视。那么航空母舰是如何发展到今天这一步的呢？

偷袭珍珠港

随着第一次世界大战期间飞机技术的成熟，人们设想将飞机搭载在军舰上。日本于 1919 年开始建造这种军舰。1922 年，拥有全通甲板的“凤翔号”进入日本海军服役。这是人类历史上第一艘完工服役的标准航空母舰。同一阶段英国和美国均建造了航空母舰。但是，在当时“大炮巨舰即正义”的思路下，航空母舰仅仅是战列舰的辅助舰艇。

在第二次世界大战中，航空母舰显现出其威力。1940 年 11 月，英国海军发起了人类历史上首次航空母舰舰载机对敌国军舰的进攻。从航空母舰起飞的 21 架英军飞机进攻意大利的塔兰托港，重创意大利 3 艘战列舰。这预示着战列舰时代的终结。

在亚太地区，美日冲突加剧。日本希望

歼灭美国太平洋舰队以逼迫美国对日媾和。日本联合舰队司令山本五十六借鉴了英国海军的空袭行动。1941年，日本出动6艘航空母舰奔赴太平洋。12月7日，约300架舰载机空袭了美国太平洋舰队母港——珍珠港，以损失29架飞机的轻微代价，击沉战列舰5艘，重创3艘。美军死伤3000人左右，太平洋舰队瘫痪。因为此次攻击，美国对日宣战，加入了第二次世界大战盟军的行列。

偷袭珍珠港

零式战斗机，太平洋战争前期日本海军的主力战斗机

偷袭珍珠港摧毁了美国的“大舰巨炮主义”，将航空母舰推上了历史的前台。

血战太平洋

珍珠港一役后，美国太平洋舰队只剩“列克星敦号”“萨拉托加号”“约克城号”等四支航空母舰特遣舰队可用。原本只是支援力量的航空母舰瞬间成为主力。美日在太平洋上掀起了“航空母舰大会战”。

美国“列克星顿号”航空母舰

人类历史上第一次航空母舰对决发生在澳大利亚附近的珊瑚海。1942 年，日本为切断澳大利亚与美国的联系，发动 MO 作战计划。日军出动 2 艘航空母舰和 1 艘轻型航空母舰为舰队提供空中掩护。5 月 7 日，美军舰载机击沉日军轻

“赤城号”航空母舰

型航空母舰“祥凤号”。8 日，日军航空母舰“翔鹤号”被重创，而美军航空母舰“列克星敦号”被击沉。

1942 年 6 月，美日航空母舰又交锋于中途岛。6 月 4 日，空袭中途岛的日军航空母舰编队未能发现埋伏于中途岛东北海域的美国航空母舰。美国以损失一艘航空母舰的代价，先后击沉日军的“赤城”“加贺”“苍龙”与“飞龙”四艘主力航空母舰。美国在中途岛海战的胜利是太平洋战场的重要转折。

太平洋战争中美国海军主力战斗机之一 F4U 战斗机

日本遭遇巨大损失，沉没的航空母舰无法及时得到补充，大量经验丰富的飞行员战死。日本在太平洋地区由攻转守。

随后，美军在8月、10月先后在东所罗门海、圣克鲁斯群岛附近与日本爆发航空母舰会战，使日军彻底丧失海上制空权。在随后的瓜岛战役与硫磺岛战役中，美国航空母舰亦扮演了重要角色，为太平洋战场的全面胜利立下汗马功劳。

大国重器

飞机在军舰面前，轻巧灵敏，可进可退，攻击距离更远。军舰相对于飞机，其移动速度可忽略不计，基本上是原地挨打，故而，能在海上为飞机提供起降平台与补给的航空母舰最终替代了战列舰，成为第二次世界大战之后大国手中的王牌。

1956年，美国第一艘超级航空母舰“福莱斯特号”服役。其舰用与舰载机燃料装载量分别比美国第二次世界大战中最大的“埃塞克斯”级航空母舰提升了70%和300%。满载排水量更是达到7.5万吨。随着核能时代的来临，1961年，世界上第一艘核动力航空母舰“企业号”进入美军服役。其满载排水量达到9.4万吨，能携带近90架飞机。由于搭载了核反应堆作为动力来源，“企业号”航程接近无限，曾完成环球航行一周的壮举，因而几乎参加了美军在冷战中所有的军事行动。美国随后开发了“尼米兹”和“福特”两级航空母舰，将核动力航空母舰推向了一个新的巅峰。

美国“企业号”核动力航空母舰

苏联则走上截然不同的发展路线。其航空母舰的任务是执行舰队反潜，并为核潜艇提供空中掩护。因而，苏联航空母舰更倾向于是“载机巡洋舰”，即使是长得更像航空母舰的“库茨涅佐夫”级也是如此。中国对其二号舰“瓦良格号”的改装重点之一就是拆除其飞行甲板上的众多武装。当“瓦良格号”被命名为“辽宁号”加入中国海军时，我们的远洋海军之路正式开启。

空中战略

虽然，网络上将第二次世界大战中的意大利视作最搞笑的国家，并亲切地称其为“意呆利”。不过，正是这个在军事行动上总是拖德国后腿的“意呆利”，在第二次世界大战前，诞生了不少军事奇才，其中就包括杜黑。

杜黑很早就意识到飞机将极大改变人类的战争形态。在第一次世界大战初期，作为陆军将领的他就呼吁意大利军方装备500架飞机，每天向前线投掷125吨炸弹。然而，他的建议并未受到重视。战后他将精力都用于《制空权》的写作，并在1921年出版。

杜黑

他在书中指出，所谓“制空权”指的不是航空兵器的对敌优势，而是一种态势：既能阻止敌人的航空兵器飞行，又能保证己方的航空兵器飞行。掌握这种态势的一方，可以为海陆军提供保护，并防止自己的领土遭到侵犯，进而保证对敌方的进攻。所以，一旦爆发战争，必须要掌握制空权以取得胜利。他认为，为了夺取制空权，必须建立起一支装备战斗机和轰炸机的独立空军。同时，它必须是一支进攻型空军，能粉碎敌方空中力量于陆地。

由于时代局限，杜黑并未预测到诸如雷达等防空侦测手段的出现，但是，其理论成为指导各强国空中力量建设的重要法则，影响至今。

长空搏击

第二次世界大战初期，德国闪击战取得重大战果，装甲部队功不可没。但是，闪击战胜利的前提却是德军对制空权的掌握。BF109 战斗机是 1935 年 5 月首飞的新型战斗机。它采用了当时领先的设计：全罩式座舱、可收放起落架以及全金属制造的机身与机翼。其标准武装是一门 20 毫米机炮与两挺机枪。当时 BF109 共生产了 3 万多架，成为德军取得制空权的利器。而其对手则是英国的“喷火”战斗机。“喷火”战

BF109 战斗机

斗机于1936年3月首飞。它采用了与BF109类似的设计。但是它的武装是8挺机枪，之后则改为两门机炮与两挺机枪，火力强于BF109。

德国为了对英登陆作战，在1940年7月10日—1940年10月31日发起了人类历史上最大规模的、夺取制空权的战役：不列颠战役。英德双方投入各式飞机近6000架。英军投入以“喷火”战斗机为主力的745架战斗机。而德国投入了以BF109为主的1107架战斗机。然而，BF109在进入英国领空后只能停留约15分钟。“喷火”则享有主场优势，有更长的滞空时间。所以，尽管BF109性能优越也未能使德国获得英吉利海峡的制空权，导致轰炸机损失惨重。在损失近1900架飞机与近3000名飞行员后，德国放弃了登陆英伦的计划。

“喷火”战斗机

在太平洋战场，日本零式战斗机与美国P-38、P-40、F4U、F6F等战机争夺着制空权。而当美国更先进的P-51战斗机投入战场后，轴心国的各类战机被彻底碾压。

恐怖轰炸

杜黑在《制空权》中强调了对敌方进行航空轰炸的重要性。第二次世界大战的参战国对其理论进行了充分实践。德国在不列颠战役中投入了近1900架轰炸机对伦敦和考文垂等城市进行了大规模轰炸。英国首都伦敦遭受的损失最为严重，被轰炸超过76个昼夜，造成4.3万平民死亡，10万幢建筑被毁。

而英国则研制出能长距离飞行的“兰开斯特”战略轰炸机。其装备有4台发动机，能携带3吨炸弹飞行4000多千米，足以深入德国本土进行轰炸。而美国在1943年也加入轰炸德国的行列中。其装备的B-17战略轰炸机可携带5吨炸弹，而B-24轰炸机则最多可携带3.6吨炸弹。盟军凭借这些轰炸机对德国重要城市和工业中心进行战略轰炸，目的是为了减少后续作战的损失。战略轰炸共造成近50万平民死亡，摧毁了近800辆德国坦克、近1.8万架飞机与87艘潜艇。而德国汉堡被称为“欧洲的广岛”，盟军共投弹约9000吨，造成至少5万人死亡，破损房屋达25万栋，100万平民无家可归。

大战末期，美国研制出B-29战略轰炸机，其载弹量达到当时惊人的9吨，并汇集了诸如加压机舱、中央火控与遥控机枪等新技术。其飞行高度超过1万米，轴心国的战斗机

B-29 轰炸机

指挥对日轰炸的李梅将军

基本无法达到其高度进行有效拦截。它参加了著名的东京大轰炸，造成近 10 万人死亡，并向日本投下两颗原子弹。

各国之间的战略轰炸催生了雷达、空空导弹等新式防空武器。在对德国的轰炸中，盟军损失了近 4 万架飞机。同时，各国对平民的无差别轰炸，也成为日后人们反思战争的重要议题。

4

海底蛟龙

在游戏《猎杀潜航 3》中，玩家扮演德国 U 艇的艇长，参与第二次世界大战的“大西洋战役”，猎杀敌舰。该游戏曾在玩家群中掀起过 U 艇热潮。那么什么是“U 艇”？其对人类的战争模式产生过什么影响呢？

无限制潜艇战

大航海时代以来，人类一直渴望能有一款军舰能从水下悄无声息地接近敌人，并且一击必杀。法国人在这方面引领了时

“卢西塔尼亚号”被击沉

代。1863 年，法国建造了历史上首艘由发动机推动的潜艇。1899 年，法国人又制造出世界上首艘混合动力潜艇。它在水面时靠发动机驱动，在水下则靠电机驱动。它装备有鱼雷，能发起远程攻击，还配有耐压艇壳和潜望镜，这些都成为日后常规动力潜艇的标配。

不过，使用潜艇战术最为熟练的是德国。德语中潜艇为“Unterwasserboot”，简称“U-Boot”，即“U 艇”。第一次世界大战期间，德军共投入 329 艘 U 艇参战，水下排水量在 700 到 800 吨之间。装备 4 具鱼雷发射管与 6 枚鱼雷。大战后期，德国研制了远洋潜艇 U-139，水下排水量达 2483 吨，装备 6 具鱼雷发射管与 24 枚鱼雷。

利用这些 U 艇，德国在 1915 年发起“无限制潜艇战”，

第一次世界大战时的德国 U 艇

第一次世界大战英国商船被 U 艇击沉

出动潜艇 360 次，试图封锁英国的海上贸易。德军要求，无论什么船只，只要驶向英国，不管英国是它的目的地还是途经地，一律击沉。这里最著名的战例是 1915 年 5 月 7 日，U-20 击沉载有美国游客的英国邮轮“卢西塔尼亚号”，导致 1198 人丧生。迫于美国压力，第一阶段“无限制潜艇战”结束。

1917 年 1 月 31 日，德军再次发动“无限制潜艇战”。潜艇出动 1300 余次，在 2 月到 7 月间，月平均击沉船只达数十万吨。导致前往英国的商船减少 75%，严重打击了英国经济。协约国不得不组成护航编队，并布置水雷封锁潜艇的航路，这样，才在 1918 年初遏制了 U 艇的攻势。

U 艇狼群

邓尼茨是第二次世界大战德国 U 艇战术的缔造者。身为第一次世界大战 U 艇艇长的邓尼茨积极研究发展潜艇和训练潜艇人员。他认为，必须把潜艇集中起来对英国的海上交通线进行更有效的破坏。只要切断英国的海上贸易，便能迫使其投降。第一次世界大战后，高频发射器的发明，使得各潜艇之间的联络成为可能。当一艘潜艇发现商船队后，先不进攻，而是跟踪目标，通知其他潜艇前来，并在夜间进行包围、攻击。邓尼茨称其为“集结战术”，而盟国则称其为“狼群战术”。该战术的支柱则是 VIIC 型远洋潜艇。这种潜艇共制造了 568 艘，其水下排水量达 871 吨，航速 8 节。VIIC 型潜艇装备有 5 具 533 毫米鱼雷发射管，以前 4 后 1 的方式布置，并可携带 14 枚鱼雷。

邓尼茨和希特勒

1940 年 7 月到 12 月，英国由于反潜意识不足，共被 U 艇狼群击沉 278 艘商船，总吨位达 149 万吨。这被德国潜艇部队称为“第一段美好时光”。1941 年 12 月 11 日，德国对

护航舰队

美宣战，邓尼茨对美国实施“集结战术”，在 1942 年 1 月到 8 月间，共击沉商船 660 艘，总吨位达 533 万吨，被称为“第二段美好时光”。

于是，盟军被迫将商船布置在中央，用配备声纳、深水炸弹与反潜机的护航舰将其包围，同时，主动攻击德国潜艇

第二次世界大战期间德国使用的 U 艇

基地。最终，盟军瓦解了狼群战术，获得了大西洋战役的胜利。到第二次世界大战结束时，德国共损失近 800 艘 U 艇。

大洋黑洞

潜艇以其特殊的隐秘性，在第二次世界大战结束之后，依然被各大国所重视。在第二次世界大战时期，潜艇在上浮换气与补给时最容易受到攻击，如何让潜艇能够长时间潜于水下执行任务呢？人类对核能的掌握解决了这个棘手的问题。

1954 年 9 月 30 日，人类历史上第一艘搭载核反应堆的潜艇“鹦鹉螺号”加入美国海军服役。这艘水下排水量达 3520 吨的核潜艇能以 24 节的航速前行，打破了当时的世界纪录。它能长时间待在水下，完成长达 2226 千米的潜航任务。面对这样一艘潜艇，第二次世界大战中用来对抗德国 U 艇的战术瞬间失效。于是乎，核潜艇也成为发射带有核弹头的弹道导弹、对敌方进行核威慑的绝佳平台。1959 年 12 月 30 日，人类第一艘弹道导弹核潜艇，美国“乔治·华盛顿号”服役。其水下排水量达 6700 吨，可搭载 16 枚射程近 3000 千米的弹道导弹。导弹核弹头的爆炸当量达 60 万到 100 万吨 TNT，是名副其实的大杀器。

于是，中、英、法、苏纷纷加入核潜艇研制的行列。中国第一艘核潜艇 091 型于 1974 年开始服役，第一艘弹道导弹核潜艇 092 型于 1983 年服役。

虽然，人类的反潜能力不断提升，但是，核潜艇也不断完善自身的隐蔽性，依然是可怕的“大洋黑洞”。

“鹦鹉螺号”核潜艇

主题四

冷战的铁幕

导言

“从波罗的海什切青，到亚得里亚海的里雅斯特，横贯欧洲大陆的铁幕已经降落下来。”1946年3月5日，丘吉尔来到美国富尔顿。他应邀发表一篇演讲《和平的砥柱》。

讽刺的是，丘吉尔宣称：美国和苏联体制迥异，双方的对抗不可避免，铁幕将把世界一分为二。这就是著名的铁幕演说，它被认为是冷战的开端。

冷战是以美国为首的资本主义国家和以苏联为首的社会主义国家的长期对峙和竞争。科技的进步让美、苏两国各自拥有毁天灭地的核武器，包括原子弹、氢弹以及核动力潜艇等，所以两大阵营没有爆发热战——全面军事冲突，而是进行冷战——其他各种竞争，虽然这也带动人类科技迈向新的阶段。

“铁幕”是美国与苏联、西方阵营与东方阵营、资本主义国家与社会主义国家之间的藩篱。在欧洲，柏林墙是典型的铁幕，德国被一分为二：联邦德国是美国的马仔，民主德国是苏联的小弟。

在亚洲，“三八线”是另一种铁幕：韩国追随美国，朝鲜追随苏联。

1989 年 12 月，美国总统老布什和苏联领袖戈尔巴乔夫在地中海的马耳他举行峰会。双方宣布冷战结束。笼罩世界长达半个世纪的铁幕终于消散，而人们在冷战背景下对“大科学”竞赛的热情也逐渐退去。

1 冷战与热战

2018 年 11 月 11 日，世界各国领导人聚集巴黎，纪念第一次世界大战停战 100 周年。法国总统马克龙发表演说，表达了人类能远离战争、共建和平的美好愿景。虽然，第二次世界大战结束之后，人类尚未再次爆发世界大战，但国际局势依然紧张，大规模的局部冲突时有发生，这又是怎么一回事呢？

冷战爆发

1946 年 2 月，驻苏联的美国外交官乔治·凯南发回一封数千字的电报。他认为苏联不可能与资本主义国家持久地和平共处，而是会不断地扩大自己的势力范围，危害美国的国际地位。这就是著名的“长电报”。凯南的分析成为美国对苏遏制政策的起源。1947 年 3 月，美国总统杜鲁门发表国情咨文，表示美国将支持自由人民对抗“极权主义”。这成为美国建立对抗苏联的军事同盟的起点。同年 6 月，美国发起“马歇尔计划”，为欧洲战后重建提供经济援助，但却故意要求苏联与东欧国家放弃

乔治·凯南

杜鲁门

部分经济主权，并加入欧洲统一市场建设。这与苏联倡导的计划经济格格不入，引起苏联的强烈不满。

面对美国咄咄逼人的政策，苏联被迫反击。1947 年 9 月，苏联成立共产党情报局，要求东欧共产党向敌对势力发起进攻，东欧各社会主义国家纷纷建立。由此，美苏开启了长达 44 年的对抗。由于两国未有直接的军事冲突，这段历史被称为“冷战”。

随着档案的解密，学者们发现，战后初期，苏联仅想维持在《雅尔塔协议》中得到的利益，并无扩张与宣扬世界革命的打算。所以，学者们认为，冷战爆发是美国对苏联的严重误解，以及美、苏之间缺少正常的沟通渠道所致。

冷战中的热战

尽管美苏对抗未引发“第三次世界大战”，冷战中仍不乏美苏参与的大规模局部冲突。1950 年 6 月 25 日，“朝鲜战争”爆发。美国为了遏制他们所谓的“共产主义扩张”，组建“联合国军”，介入朝鲜战争，并将战事推进到中朝边境。10 月 8 日，中国决定派遣志愿军入朝。1953 年 7 月，《朝鲜停战协定》在板门店签署，战争结束。

1945 年，胡志明领导“越盟”发动反抗法国殖民者的战争。1954 年，在中国的斡旋下，《日内瓦协定》签署，“第一次印度支那战争”结束，法国势力基本退出亚洲。同样出于遏制所谓的“共产主义扩张”，美国介入越南、老挝与柬埔寨的内政。随后，1959 年“老挝危机”爆发。1961 年美

中国人民志愿军赴朝

“三八线”

国在越南开展“特种战争”。1965 年“越南战争”升级。中国和苏联积极支援中南半岛殖民地人民的抗美斗争。1973 年，美国被迫与越南签署《关于越南问题的巴黎协定》，逐步撤出中南半岛。

冷战标志之一：柏林墙

美苏同时还在中东地区、非洲展开争夺。在中东地区，美国支持的以色列与苏联支持的阿拉伯国家在 1948 年至 1973 年共爆发了四次大规模的“中东战争”。在非洲，美、苏都间接介入安哥拉内战，导致约 150 万人死亡。

冷战后的动荡

1991 年，苏联解体，冷战结束。两极格局瓦解。美国成为世界上唯一的超级大国，发动与介入了多场局部战争。

1999 年，鉴于南斯拉夫解体后，南联盟与科索沃的武装冲突不断。3 月 24 日，由美国主导的北约军队开始轰炸南联盟境内目标。到 6 月 9 日停战，北约共发射 2300 枚导弹、投掷 14000 枚炸弹，导致约 2000 名平民丧生，超过 20 万塞尔维亚人被迫撤离科索沃。

2001 年 9 月 11 日，美国本土遭遇阿富汗基地组织发动的大规模恐怖袭击，纽约双子塔被飞机撞毁。10 月 7 日，美国和英国组成联军进入阿富汗境内；11 月 13 日，攻占阿富汗首都喀布尔。2011 年 5 月，制造“9・11”恐怖袭击的基地组织头目本・拉登被击毙。同年 7 月，美国开始从阿富汗陆续撤军。

2003 年，美国以伊拉克有大规模杀伤性武器为由，绕过联合国，于 3 月 20 日入侵伊拉克。4 月 9 日，美国主导的联军占领了伊拉克首都巴格达，萨达姆政权倒台。然而，2004 年，国际调查组认为，伊拉克并没有大规模杀伤性武器。美国则陷入伊拉克的“治安战”僵局无法自拔。

2011 年，叙利亚爆发内战，并发展为一场“代理人”战争。以美国为首的西方国家支持叙利亚反对派，而俄罗斯则支持叙利亚政府。战争时至今日仍在持续，近 50 万人死亡，大量难民拥入欧洲，引发欧洲法国、德国等国家严重的社会问题。

2011年，德国政府郑重宣布放弃核能发电，以可再生能源替代核能，但很快，因为放弃核能，意味着需依靠不环保的煤炭发电来补充核电缺口，反而大大提高了德国的碳排放量。最终，德国只能买法国的核电救急。那么人类是何时开始使用核能的？在军事与民用领域，核能给人类带来了哪些影响呢？

“曼哈顿计划”与核武器诞生

1938年，德国科学家奥托·哈恩和弗里茨·施特拉斯曼发现可以通过中子轰击铀原子，引发核裂变，释放大量能量。由此，揭开了人类利用核能的序幕。1942年，美、英、加三国秘密启动“曼哈顿计划”，尝试控制并使用核能。1942年12月2日，世界上第一个实验性核反应堆在芝加哥建成，成功实现了可被人类操控的核裂变。1943年，美国在田纳西的橡树岭建立工厂用以生产可以制造核武器的铀与钚。1945年7月，三颗原子弹开始装配。其中两枚用钚制造的原子弹，代号为“小玩意”和“胖子”；一枚用铀制造的，代号为“小男孩”。1945 年 7 月 16 日，“小玩意”在美国新墨西哥州的沙漠被成功引爆，爆炸当量约 21000 吨 TNT 炸弹。它宣告了美国首个“大科学工程”的实现，人类值此进入了核武器时代。

核弹之父奥本海默

核弹爆炸

核武器很快被运用于太平洋战场。1945 年 8 月 6 日，“小男孩”被投放到日本广岛，炸死 7 万多人，70% 的房屋被毁。另外，约有 20 万人死于核辐射导致的各种疾病。8 月 9 日，“胖子”被投放到日本长崎，炸死 4 万多人。这是人类历史上首次使用核武器，其威力震惊世界，同时使日本迅速投降。

“古巴导弹危机”与核武器竞赛

1949 年 8 月 29 日，苏联第一颗原子弹爆炸成功，开启了美、苏冷战期间你追我赶的核武器竞赛。但美国占有绝对优势。据统计，1962 年美国拥有战略核弹头约 5000 枚，而苏联只有约 300 枚。美国拥有能搭载核弹头的洲际导弹 294 枚、潜射弹道导弹 144 枚，苏联却分别只拥有 56 枚和 24 枚。为了弥补这一差距，1962 年，苏联领导人赫鲁晓夫决定将导弹与核弹头部署在距离美国很近的古巴。10 月 22 日，美国总统肯尼迪下令封锁古巴，共调动 180 艘舰船（包括 8 艘航空母舰）与 68 个空军中队，严禁运载核武器的苏联船只进入古巴。美、苏两军在古巴外海剑拔弩张，到了战争边缘。这便是“古巴导弹危机”。美国政府估计，如果美苏开战，2 天之内，苏联可投送 300 枚核武器到美国本土，将会有 50 个城市遭到破坏。苏联也意识到核大战的破坏性。10

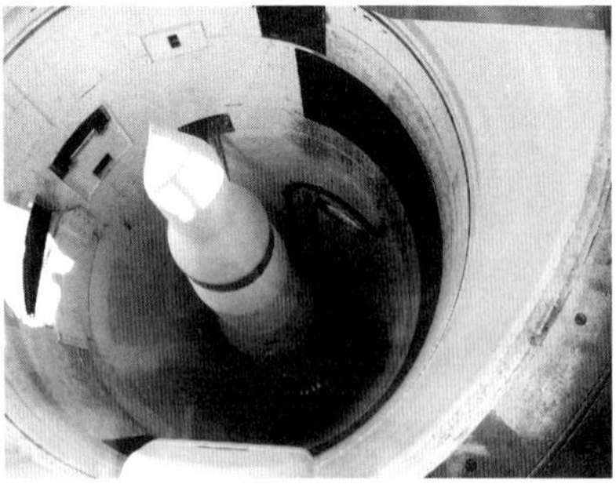

美国民兵导弹

古巴导弹危机

月 27 日，双方达成密约，美国撤出在土耳其部署的导弹，苏联从古巴撤出所有核武器。危机结束。

然而，苏联并没有停止追赶美国的脚步。1980 年代，苏联的核弹头数量达到约 3 万枚，超过当时拥有约 2 万枚核弹头的美国。两国的核武器已可“世界核平”数十次，美苏不得不就销毁核武器进行谈判。1987 年 12 月，美苏签订《美苏消除两国中程和中短程导弹条约》。该条约正式宣告两方销毁各自射程在 500—5500 千米的陆基导弹。美苏核武器竞赛最终减缓。

民用核能的发展

1953 年，美国总统艾森豪威尔在联合国发表演说，希望将原子能用于和平事业。美国启动了利用核能进行商业发电的计划。美国以核潜艇的反应堆为基础研发、建造人类历

建造中的美国希平港核电站

美国三里岛核电站

史上第一座压水堆核电站：希平港核电站。1957 年 12 月，核电站开始并网发电。它标志着人类进入了一个新的能源时代。

希平港核电站采用压水反应堆。其原理是利用核能释放的热量使水变成蒸汽带动发电机发电。系统由两个循环回路组成。一回路内采用高压，使水被加热至 300 多摄氏度而不沸腾。一回路的水在传热管中将二回路水加热至沸腾，形成的水蒸气推动涡轮发电机。此后，沸水反应堆也投入使用。它只有一个回路，结构更为简单，但带辐射的水蒸气使得发电机的检修难度上升。这两种反应堆统称为轻水反应堆，占全球民用核反应堆数量的 90%。

按核燃料管理技术、热效率、安全性、维护与使用成本，目前的核电站已经发展到第三代 +。截至 2018 年底，全球在运核电机组 450 台，发电量超 4 亿千瓦，占全球发电总量的 10%。虽然人类经历了美国三里岛、苏联切尔诺贝利、日本福岛等大型核电事故，但是在全球气候变暖的大背景下，核能依然是我们较为理想的清洁能源之一。

3 太空探索

“嫦娥四号”成功登陆月球凸显了中国对太空探索的雄心。这一消息曾燃爆各大媒体，关于“征服星辰大海”的讨论再次热烈起来。那么，人类是何时向太空进发的呢？在走向太空的历程中又经历了哪些曲折？探索太空对人类文明又意味着什么呢？

人类向太空进军

1947 年，美苏冷战开始。在那个意识形态激烈对抗的年代，美国和苏联谁能先进入太空将体现资本主义制度与社会主义制度孰优孰劣。美苏之间的太空竞赛由此拉开序幕，而其核心便是火箭技术。

1953 年，苏联著名火箭专家谢尔盖·科罗廖夫开始设计人类历史上第一种洲际弹道导弹：R-7。R-7 结构特殊，由弹体与围绕四周的 4 个助推器构成，以液氧煤油作为燃料。发射时，助推器与弹体同时点火。在发射 2 分钟后，助推器与弹体分离，弹体继续上升，将核弹头送入预定轨道。1957 年 8 月 21 日，该型导弹成功试

苏联 R–7 火箭

射。1957 年 10 月 4 日，由 R-7 改进而来的“东方号”火箭将人类第一颗人造卫星“斯普特尼克 1 号”送入太空，使得苏联在太空竞赛中拔得头筹。R-7 系列成为苏联探索太空的主力火箭，不断被改进，使用至今。

苏联的领先震惊了美国。冯·布劳恩以美国“红石”导弹为基础，开发出四级运载火箭“朱诺 1 号”。与苏联不同的是，其第一级火箭先点火，将火箭送入空中。随后，待每级燃料用尽，下一级自动点火。经过 4 次助推，将卫星送入太空。这成为美国航天科技的重要特征。1958 年 1 月 31 日，“朱诺 1 号”将“探索者 1 号”卫星送入太空。

人类首次进入太空与登陆月球

1961 年 4 月 12 日，“东方号”火箭将加加林乘坐的“东方 1 号”飞船送至远地点为 301 千米的轨道上。加加林历时 108 分钟，绕地球一周，实现了人类进入太空的愿望。

加加林

美国“土星 5 号”火箭

美国再次落后。不过，在飞向月球的道路上，幸运的天平倾向美国人。1961 年，美国开启“阿波罗计划”，其核心之一是冯·布劳恩研制的“土星 5 号”火箭。“土星 5 号”共分为三级，总高度达到 111 米，直径达 10 米。加满液体与固体燃料后，总重量达到 3000 吨，可以将约 130 吨重的物体送到近地轨道。由此，它成为人类历史上投入使用的最大的运载火箭。1969 年 7 月 16 日，“土星 5 号”火箭搭载“阿波罗 11 号”飞船飞向太空。7 月 20 日，飞船在月面成功着陆。7 月 21 日，宇航员阿姆斯特朗踏上月球，成为登月第一人。随后，他说出了那句经典名言：“这是一个人的一小步，却是人类的一大步！”

而苏联却卡在了火箭技术上。由于发动机推力技术遇到

阿姆斯特朗

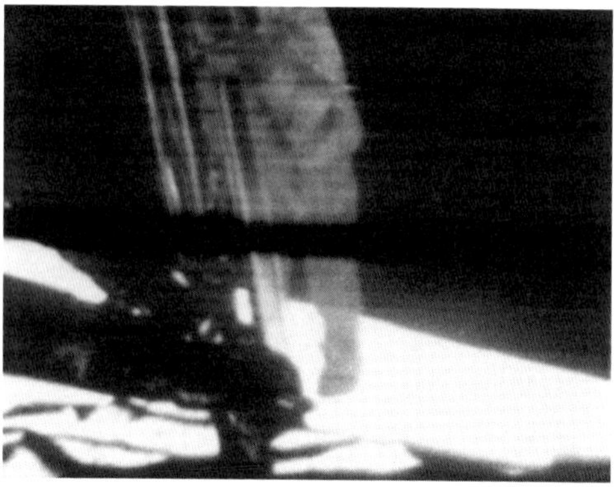

阿姆斯特朗登月瞬间

瓶颈，苏联的 N1 火箭采取了复杂的发动机群设计，第一级有 30 台发动机，而“土星 5 号”的第一级只有 5 台发动机。这导致 N1 火箭输送推进剂的管道设计极其复杂。N1 的 4 次发射全部以失败告终。最终，苏联取消了登月计划。

太空探索的减缓

人们将太空探索与 15 世纪的航海大发现相提并论。然而，美苏的太空探索是意识形态竞争下两国国力的比拼。“阿波罗计划”的总投资为 194.08 亿美元，完成 6 次载人登月。高峰时期的投入占到当年 GDP 的 0.4%。如此的花费，总共只带回 385 千克的月球岩石样本用于科学实验。从近期收益看，它与动辄开辟新大陆，建立殖民地，拉回香料，赚个钵满盆盈的大航海时代相差甚远。高投资，低回报，对于资本主义国家来说，是难以接受的。1972 年底，“阿波罗计划”终止，载人探索火星的计划也被束之高阁。美国转向与苏联合作，开发近地轨道太空站，同时，发送无人飞船，向宇宙深处传递人类文明的信号。

月岩样本

面对浩瀚无垠的宇宙，人类是极其渺小的。太阳也只不过是银河系 2000 亿到 4000 亿颗恒星中的一颗。只有进入太空，探索这片比海洋更为神奇的领域，研究其中的奥秘，我们才能真正地了解人类来自何方，又将去往何处。航海大发现将人类文明带入了全球化时代，太空探索也必将把人类文明推向一个更高的台阶，纵然征服星辰大海要用倾国之力。

2003 年 10 月 15 日，“神舟五号”发射升空。中国成为继苏联和美国之后，第三个有能力独自将人类送上太空的国家。2008 年 9 月 27 日，中国实现宇航员太空漫步。2011 年，中国近地轨道空间站“天宫一号”建立。中国的载人登月也已箭在弦上。中国已然承担起了人类太空探索的重任。

4 信息时代

今天的世界已进入信息化时代，人们已经习惯于互联网的方便与快捷。那么是什么造就了今天的信息化，它与冷战有什么关系，它的出现对人类文明是好还是坏呢？

电脑的诞生

1943 年，为了精确测算炮弹弹道，美国陆军开始研制人类第一台通用电子计算机，代号“埃尼阿克”。1946 年 2 月，埃尼阿克在费城宾夕法尼亚大学诞生。它由 17468 个真空管、7200 个晶体二极管、1500 个继电器与 1 万个电容器组成。它重

第一台通用电子计算机“埃尼阿克”

工作中的埃尼阿克程序员

达27吨，占地167平方米，耗电量达150千瓦。它在1秒钟内能进行5000次加法运算，达到了当时人造机器的极限。在对埃尼阿克的改进中，诞生了电脑最基本的结构：算术逻辑单元、控制电路、存储器及输入输出设备。

20世纪60年代，人们把数百个电子组件制作在几平方毫米大的单晶硅片上，成为小规模集成电路，代替了原先庞杂的组件。电脑体积变小，而运算速度提升至百万次每秒。电脑操作系统也被研发

老式苹果电脑

出来。这为电脑的普及铺平了道路。几经更新换代，1976年，史蒂夫·乔布斯和斯蒂夫·沃兹尼亚克创办苹果公司，其设计的Apple II个人电脑在1977年进入市场，大获成功，被誉为将电脑带入家庭的“神机”，它与如今的家用机一起被划分为第四代电脑。

电脑代替了人类部分的脑力活动，并带来了新的娱乐方式，如电子游戏等，是人类进入信息时代的里程碑式发明。

互联网的出现

随着电脑的出现，人们开始思考如何将每一台电脑连接起来，交换信息。负责研究信息化技术的美国高级研究计划署（简称ARPA、“阿帕”）在1967年开始筹建“分布式网络”，以便让“阿帕”的计算机实现互相连接，使人们能够分享彼此的研究成果。1969年人类首个连接网络投入运行，该网络设立了4个节点，被称为“阿帕网”。人类由此进入网络时代。

早期程序员工作场景

1973年，“阿帕网”拓展为互联网，位于英国和挪威的电脑被成功连接进来。

1972 年，“阿帕”提出 TCP/IP 协议，定义了在电脑网络之间传送报文的方法。

1989 年，欧洲核子研究中心的科研人员提出了超文本标记语言（HTML）与超文本传输协议（HTTP），并于同年开发出第一个网页浏览器与编辑器 World Wide Web 和第一个网页服务器，万维网诞生。

到了 20 世纪 90 年代，互联网向普通公众开放。如今，其覆盖人口已达 40 多亿，前所未有地降低了人类获取信息和流通信息的成本。万维网则成为全球使用人数最多的电脑网络。

信息革命

电脑与互联网带来的信息化革命极大改变了我们的日常习惯，让学习与生活更为便利。当长辈们追忆过往，与我们津津乐道等待一封情书的复杂心境时，年轻的我们只需打开微信或者 QQ 就能与远在他乡的恋人即时文字、语音或视频聊天。当老一辈研究者还在为撰写论文不分寒暑地跑图书馆、记小卡片时，新一代学者却只需坐在家中，打开电脑，敲敲键盘，动动鼠标，就能从大数据构建的资料库中轻易调阅需要的文献。当我们追忆儿时与同伴玩游戏的温馨场景时，今天的儿童已经打开游戏主机，戴上 VR 眼镜畅游更为广阔的数码世界去了。

2018 年 11 月 11 日，阿里巴巴旗下的淘宝与天猫两个购物网站举办了“双十一”活动，总营业额达 2135 亿元。网络购物已经成为人们日常生活的一部分，传统的商业模式受到巨大冲击。撑起阿里巴巴与信息时代的，是大量默默无闻的程序员，夜以继日地保证网络平台与服务器的正常运行。

不过，当我们享受信息时代的红利时，我们不能忘记，冷战也是信息革命的幕后推手之一。正是在冷战时期，美国、苏联和其他强国普遍积极投资信息技术的研究和应用。在军事领域，电脑担当核武器和常规武器的“大脑”；在政治领域，网络成为信息战的“舞台”。今天程序员日常应用的大量技术，最初的来源都是冷战时代的超级大国的武器库。

现代程序员工作场景

主题五

斗争的世纪：第三世界的抗争

导言

“希望第三世界团结起来！”1974 年 2 月 22 日，毛泽东会见非洲国家赞比亚总统卡翁达。这是中国领导人第一次提出“第三世界”这一概念。

在毛泽东看来，地球上的国家可以被分为三个世界：

第一世界是两大超级大国——美国和苏联。

第二世界是少数发达国家——日本、德国、英国、法国、意大利和加拿大等。

第三世界是广大的发展中国家——中国、印度、南非和巴西等。

在地球村中，三个世界的境遇截然不同：

第一世界的超级大国争夺世界霸权，“原子弹多”“也比较富”。

第二世界的发达国家把持全球财富，不过“原子弹没有那么多”“也没有那么富”。

第三世界的发展中国家虽然人口众多，但是政治上被打压，经济上被剥削。

20 世纪后期，第三世界人民争取独

立和自由的抗争成为世界历史舞台上的重要一幕。

在亚洲大陆，圣雄甘地领导印度人民发起非暴力不合作运动，最终驱逐英国殖民者。

在非洲大陆，黑人领袖曼德拉坚持斗争三十年，最终摧毁了南非的种族隔离制度。

在拉丁美洲，以卡斯特罗为代表的革命志士展开了不屈不挠的反美斗争。

1 兄弟阋墙

南亚有两个人口大国：印度人口约 14 亿，排名世界第二；巴基斯坦人口约 2.3 亿，排名世界第六。

千年以前，南亚大陆是古印度文明的摇篮。时至今日，这里却被印、巴两国的纷争笼罩。

印度国民大会党第一次代表大会

印度和巴基斯坦本是一个国家，两国人民本是一个家庭的兄弟，为什么今天分为两个国家？为了厘清这兄弟阋墙的根源，我们必须回到 70 多年前的一个日子：1947 年 6 月 3 日。这一天本该成为当地人民独立斗争的终点，结果却成了印、巴两国纷争的原点。

蒙巴顿的算盘

1947 年 6 月 3 日，印度总督蒙巴顿抛出蒙巴顿方案。英国退出印度，印度分成两个国家：印度与巴基斯坦。

自古以来，印度是多元宗教的家园，包括印度教、伊斯兰教、锡克教和佛教等。其中印度教徒的人数最多。信奉伊斯兰教的穆斯林人数位居其次。

近代，大英帝国殖民南亚大陆，建立英属印度殖民地，开始实施殖民统治。

1919 年 4 月，英国军警开枪射杀印度民众，1500 多人不幸伤亡，史称“阿姆利则血案”。由此，大英帝国对印度的统治每况愈下，民众对独立的呼声日益高涨。

1947 年 2 月，英国政府宣布一年以内退出印度。蒙巴顿勋爵出任末代英属印度总督。他负责“帮助”印度人民独立建国。

蒙巴顿是皇亲国戚。父亲是亲王，母亲是公主，妻子是富商千金，本人是英俊小生。他是一位典型的英国绅士。嘴里都是爱与和平，心里满是为英国的打算。

根据蒙巴顿分治方案，由于印度教徒和穆斯林的矛盾与仇恨，原印度殖民地应该分立两个国家，印度教徒和穆斯林“各回各家，各找各妈”。英国官员经过两周“深入的”调查，划定了一条“公平的”边界，史称“雷德克里夫线”。

于是，英国人把民族矛盾的皮球踢给印度独立斗争的领袖。

甘地的执着

反对分治！在德里，甘地——垂垂老矣的印度精神领袖——拒绝蒙巴顿方案。

甘地不但是虔诚的印度教徒，一生清心寡欲，而且是现代的知识分子，精通英国法律。他成为印度独立运动的精神领袖，主张非暴力不合作，只采取和平抗议，避免武力冲突。

20 年间，甘地和他领导的国民大会党先后领导 4 次不合作运动。

甘地

蒙巴顿和甘地

1919 年，阿姆利则血案爆发，甘地号召全民抗议：工人罢工、商人罢市、学生罢课、市民游行示威，全民集会请愿。

1930 年，英国政府征收盐税，甘地发动食盐进军：他身体力行地使用土法制作食盐，号召群众不交英国税，不买英国货和不当英国差。

1940 年，第二次世界大战期间，他要求英国保证战后退出印度，否则印度拒绝对德宣战。

1942 年，英日开战，他要求英国殖民政府立刻解散，否则印度退出战争。

面对印巴分治方案，甘地坚持博爱主张：印度必须统一，不同民族宗教应该团结友爱，不能分裂。分裂必然带来对立，对立必然引起仇杀。

然而，甘地发现：面对英国白人时印度人曾放下武器，而面对同胞手足时印度人却大打出手。更有甚者，印度教激进派把持国民大会党的中枢。他们热衷于攫取地盘，屠杀异己。

1948 年 1 月 30 日，甘地遇刺身亡，凶手竟然是一名激进的印度教徒。

真纳的遗憾

支持分治！真纳——病入膏肓的穆斯林领袖——无奈接受蒙巴顿方案。

真纳

蒙巴顿和真纳

真纳和甘地的经历高度相似。他既是伊斯兰教的虔诚信徒，也是英国法学院的高材生。甘地、真纳为了印度独立并肩战斗。甘地指导印度教徒，真纳号召穆斯林。

1935 年，甘地主导的国民大会党和真纳主导的穆斯林联盟合作，促成《印度政府法案》，使印度人民得到选举地方政府的权利。

1936 年，印度进行地方政府选举。取得胜利的国民大会党排挤结成同盟的穆斯林联盟。印度教徒和穆斯林的矛盾加剧。

1940 年，穆斯林联盟召开拉合尔会议。会议发表宣言要求印度穆斯林单独建立国家。他们把新的国家命名为巴基斯坦，意思是圣洁的国土。

1946 年 8 月 16 日，穆斯林联盟发动直接行动日活动，抗议英国和国民大会党忽视穆斯林权益。结果和平抗议变为暴力冲突，酿成加尔各答大屠杀。数千人死于非命，数万人流离失所。

面对蒙巴顿计划，真纳知道：宗教矛盾已经激化，分治在所难免，自己只能勉为其难。真纳全力团结穆斯林，避免局势失控。

1948 年 9 月 11 日，真纳劳累过度去世。巴基斯坦陷入政治动荡。

甘地和真纳双双撒手人寰。争取民族独立的政局落下帷幕，然而教派仇杀的惨剧却并未停止。

早在 1947 年印、巴分别建国后，两国随即爆发第一次印巴战争。

1965 年，第二次印巴战争爆发，巴基斯坦进军克什米尔。

1971 年，第三次印巴战争爆发，印度攻破孟加拉……

第三次印巴战争停战签字

2

止战之殇

2017年12月6日，美国总统特朗普宣布：美国正式承认，耶路撒冷是以色列的首都。国际舆论哗然。有识之士纷纷批评，美国此举将严重阻碍巴勒斯坦和平进程。

20世纪，围绕耶路撒冷和巴勒斯坦，阿拉伯人和犹太人展开过半个世纪的战争与谈判。两个民族渡过战争的血海，但是，他们至今未能到达和平的彼岸。

和平之城

巴勒斯坦地处亚洲、非洲和欧洲的枢纽部位，东接大漠滚滚黄沙，西临地中海万顷波涛。耶路撒冷是巴勒斯坦的首府。

耶路撒冷

哭墙前的祷告者

并且，令人玩味的是："耶路撒冷"的意思就是"和平之城"。

根据犹太教《旧约》记载，大卫在今天的巴勒斯坦和以色列所在地建立国家，所罗门王在耶路撒冷建造圣殿。犹太人认为：巴勒斯坦是应许之地。圣殿山和哭墙是犹太教的圣地。

根据伊斯兰教《古兰经》记载，先知穆罕默德在耶路撒冷的阿克萨清真寺所在地得道升天。穆斯林相信：耶路撒冷是第三圣城。阿克萨清真寺是伊斯兰教圣地。

自古以来，今巴勒斯坦所在地曾经先后遭到埃及人、波斯人、罗马人、穆斯林以及十字军征服。当地居民主要是穆斯林和犹太教徒。

1920年，巴勒斯坦成为大英帝国殖民地。大批犹太人逃往巴勒斯坦以躲避纳粹屠杀。由此，教派矛盾不断升级，穆斯林和犹太教徒彼此仇杀。

1947年，联合国宣布巴勒斯坦一分为二。由犹太人成

巴勒斯坦难民

立犹太人的国家，由穆斯林成立穆斯林的国家。此后双方五次开战，史称五次中东战争，冲突长达近半个世纪。以色列连战连捷，但不得安宁，巴勒斯坦屡战屡败，却不断反抗，双方被迫寻求和解。

1993 年 9 月 13 日，巴以双方签署《巴以和平协议》，一张著名照片记录下

巴以和谈

了历史时刻：美国总统克林顿站在中间，左右两边的巴勒斯坦领袖阿拉法特和以色列总理拉宾伸出双手，紧紧握住。

阿拉法特

代表阿拉伯人的是巴勒斯坦解放组织的传奇领袖阿拉法特。

他的前半生，是一个战士：

1948 年，第一次中东战争，他离开开罗大学，加入埃及军队。

1956 年，第二次中东战争，他作为爆破专家，参加保卫塞得港战斗。

1967 年，第三次中东战争，他统率巴勒斯坦解放组织游击队，通过游击战打击以军。

巴勒斯坦游击队

1982 年，第五次中东战争，以军突袭巴勒斯坦解放组织，他经过苦战侥幸逃生。

他的后半生，是一个斗士，用唇枪舌剑为巴勒斯坦的解放而辩论：

1974 年 11 月，他代表巴勒斯坦，走上联合国讲坛。面对全世界，他说："我带着橄榄枝和自由战士的枪来，不要让橄榄枝从我的手中滑落。"

联合国通过决议：确认巴勒斯坦解放组织为巴勒斯坦人民的合法代表，邀请巴勒斯坦解放组织参加联合国。此后，巴勒斯坦解放组织被 100 多个国家和阿拉伯国家联盟接纳为正式成员。

由于阿拉法特的不懈努力，世界各国对巴勒斯坦的支持日益增加，进而促成巴以和谈，最终签署《巴以和平协议》。

2004 年，巴以冲突再起，和平进程停摆，11 月 11 日，阿拉法特含恨辞世。

拉宾

代表以色列的是以军名将和以色列政府的总理拉宾。

他的前半生，是一代名将，担任总参谋长，打出以军最高战绩。

1967 年，第三次中东战争爆发，以色列腹背受敌，南

犹太定居者，中东战争时期以色列的重要武装力量之一

面有埃及军队，北面有叙利亚人。拉宾决定：以快速打击，求各个击破。

他的后半生，是一位舍生取义的和平使者。

1973年，第四次中东战争爆发。埃及利用犹太人的宗教节日——赎罪日，偷袭以色列。拉宾意识到：战争可能带来胜利，但无法带来和平，他的态度转向“土地换和平”。

阿拉法特（左）与拉宾（右）获得诺贝尔和平奖

1974 年，拉宾就任总理，以色列和埃及达成和解。最终，以色列让出整个西奈半岛还给埃及。埃及承诺不再进攻以色列。

1992 年，拉宾再次出山，以色列和巴勒斯坦达成和解，以色列让出加沙地带等自治区，巴勒斯坦承诺不再袭击犹太人。

1995 年 11 月 4 日，拉宾被以色列激进分子刺杀，为巴以和平事业献出了自己的生命。

南非是富饶的彩虹之国，在非洲大陆的南端。雄狮大象在地上奔跑，黄金钻石在地下沉睡。不过，这片土地不是世外桃源，这里发生过激烈的斗争。

19 世纪，西方列强瓜分非洲。南非成为英国殖民地。白人成为主人，黑人沦为奴仆。

20 世纪，殖民统治瓦解。南非经历民族隔离的风雨，迎来种族平等的彩虹。

种族隔离

1961 年 5 月，南非宣告独立。在当时的南非，白人人口不足五百万，黑人人口接近两千万。为了维持统治，白人实施了等级森严的种族隔离：

南非白人专属海滩上的警示牌

政治上，南非宪法规定一人一票民主投票。不过，它仅限于白人，黑人没有选举权，白人才有选举权。白人政党南非国民党垄断国会，黑人政党非洲人国民大会（非国大）不得参政。

经济上，南非法律规定白人黑人分别发展。白人占据87%的耕地，黑人拥有13%的耕地。白人从事技术工作，黑人从事体力工作。

社会上，南非政府规定黑人白人严密隔离。白人只能和白人通婚，黑人只能和黑人通婚。白人上白人的学校和去白人的医院，黑人上黑人的学校和去黑人的医院。

今天，人们只能通过南非博物馆收藏的文物，见证包罗万象、壁垒森严的种族隔离制度。例如，在当时的公共厕所门牌上，南非政府大言不惭地宣称：本公共厕所仅限白人使用。

种族隔离纪念馆

从1910年南非自治，到1994年南非改革，种族隔离制度笼罩南非将近一个世纪。黑人领袖图图主教讥讽说：

白人传教士刚到非洲时，他们手里有《圣经》，黑人手里有土地。传教士说："我们祈祷吧！"大家闭目祈祷。当黑人睁开眼睛，情况颠倒过来：黑人手里有了《圣经》，白人手里有了土地。

曼德拉的抗争

曼德拉

黑人不答应！黑人领袖曼德拉站了出来。

纵观曼德拉的人生，一小半时间在街头战斗，一大半时间在监狱战斗。

曼德拉生于部落酋长家庭，受过大学高等教育。为了争取黑人权利，他放弃继承家业，走向以抗争求平等的道路。

1952 年，他在约翰内斯堡开设第一所为黑人服务的律师事务所；

1956 年，抗议黑人必须出示证件才能进入公共场所的制度；

1961 年，创建"民族之矛"武装，筹集枪支弹药，准备武装起义，随即遭到逮捕；

1962 年 8 月，以"煽动罪"和"非法越境界"被判处 5

年监禁；

1964 年 6 月，以“企图以暴力推翻政府罪”被判处终身监禁。

曼德拉或许没有想到，南非政府也没想到：监狱不是他斗争的终点，而是他另一段斗争的起点。最终，在将近 30 年后，他才重获自由。

1964—1982 年，他被囚禁在大西洋上与世隔绝的小岛罗本岛监狱长达 18 年。

1976 年，白人政府提出，只要他遵守隔离制度，就能被立即释放。他不为所动。

1982—1988 年，他被转移到最高级别防御的开普敦波尔斯穆尔监狱关押。

其间，1984 年，当局再度提出，只要他放弃武装斗争，就能重见天日。他断然拒绝。

曼德拉不但不屈服，而且在狱中坚持著书立说，写下《争取世界自由宣言》，号召南非黑人奋起反抗，呼吁国际社会制裁南非政府。

1990 年，在曼德拉度过近 30 年铁窗生涯后，南非政府最终无条件释放了他。

1991 年，曼德拉当选为非国大主席，并参选总统，南非黑人争取种族平等的斗争迎来最后的胜利。

德克勒克的抉择

白人也觉悟了。白人总统德克勒克也站了出来。

德克勒克

如果曼德拉是不屈的革命者的象征，那么德克勒克是理智的政治家的代表。

德克勒克出身政治世家。父亲曾担任南非议会议长，本人曾担任法学教授。严格而言，德克勒克是种族隔离制度的受益者，同时也是反对者。

1972 年，他当选议员，正式进入政坛，此时德克勒克年仅 36 岁；

1978 年，进入内阁，历任卫生部部长、教育部部长、能源部部长和内政部部长；

1989 年，当选白人政党国民党党首和南非总统。

登上高位的德克勒克没有丝毫喜悦，此时的南非已经内外交困：

1952—1962 年，联合国大会多次点名批评南非的种族隔离制度。

1963—1973 年，联合国通过《禁止并惩治种族隔离罪行国际公约》，宣布种族隔离非法。

1980—1985 年，由于国际制裁和金价下跌，南非经济连年衰退，增长速度跌到 –1.8%。

历届南非政府不以为然，反而穷兵黩武，对内镇压黑人，对外出兵安哥拉和纳米比亚。德克勒克决定改弦更张，走向种族和解。

1990 年，他释放曼德拉，进而宣布：种族歧视必须取缔，除此别无选择。

曼德拉和德克勒克

开普敦纪念碑

1991 年，他推动白人政府和黑人政党对话，促成南非首次黑人白人一视同仁的选举。

1994 年，南非进行第一届民主选举。曼德拉当选总统，南非非洲人国民大会成为执政党。

同年，曼德拉和德克勒克获得诺贝尔和平奖，他们对终结种族隔离的贡献得到表彰。

4 天堂太远

拉丁美洲是美国以南的美洲大陆，北起墨西哥，南到阿根廷，共有33国和多个未独立的殖民地，包括足球王国巴西、白银之国阿根廷和仙人掌之国墨西哥等。人口有6亿多人。

大航海时代，欧洲列强瓜分美洲大陆。美洲土著、欧洲白人和非洲黑人在此血脉交融。独特的拉丁美洲文化由此诞生。

工业时代，美国崛起，称霸美洲大陆。高傲的美国把弱小的拉丁美洲小国称为香蕉国家。美国当局肆无忌惮地操纵政局，攫取拉丁美洲的资源。

格瓦拉纪念碑

天堂太远，美国太近。这成了笼罩在拉丁美洲人民头上两百年的阴霾。

20 世纪，古巴革命奏响了拉丁美洲反抗外国势力、寻求独立自主的最强音。

古巴革命

古巴是一个典型的拉丁美洲国家。它是一个热带岛国，北面遥望美国，南方远眺南美，盛产甘蔗，被称为世界糖罐。

1492 年，哥伦布发现新大陆。美洲土著告诉欧洲水手，这里是一片“肥沃之地”，其音近似“古巴”。于是，这座加勒比海第一大岛被命名为“古巴”。

1898 年，美国战胜西班牙。古巴不再是西班牙的殖民地，而成为美国的香蕉国。美国操纵古巴的政治局势，攫取古巴的自然资源。

不过，古巴和拉丁美洲被一场戏剧性的革命改变：

1953 年 7 月 26 日，100 多名古巴革命者围攻圣地亚哥的蒙卡达兵营，史称“七二六运动”。古巴军阀出兵镇压。革命青年失败。

1956 年 12 月 2 日，82 名古巴起义者乘坐“格拉玛号”游艇登陆古巴，自称“七二六组织”。古巴军阀出兵围剿。起义军队几乎全被消灭。混战之中，12 名勇士突出重围，

古巴首都哈瓦那

格瓦拉和卡斯特罗

遁入山区。三年以后，星星之火变为燎原烈焰：

1959 年 1 月 1 日，革命军击溃古巴傀儡政府，解放首都哈瓦那，古巴革命胜利。

1961 年 4 月 19 日，革命军打败美国中央情报局扶植的叛乱分子，史称“猪湾事件”。

至此，古巴与美国彻底决裂。古巴宣布走上社会主义道路，美国誓要制裁古巴红色政权。此后，双方对峙半个世纪，古巴没有屈服。

在古巴革命中，两位拉丁美洲家喻户晓的英雄人物脱颖而出：

一位是阿根廷军医格瓦拉；

另一位是古巴律师卡斯特罗。

游击英雄切·格瓦拉

厄内斯特·格瓦拉本来应该成为一名医生，结果他却选择成为一位舍生取义的烈士。

格瓦拉

格瓦拉生于阿根廷的权贵家庭。父亲和母亲的祖先都担任过殖民地总督级别的高官。他毕业于布宜诺斯艾利斯大学医学院。

可是毕业旅行改变了他的人生。他骑着摩托车，从阿根廷出发到墨西哥，纵贯拉丁美洲。拉丁美洲大地物产丰富，拉丁美洲人民却一贫如洗。所见所闻颠覆了他的三观，他立志要为拉丁美洲人民而战。

他是既得利益者，却主张改变现状。他相信：拉丁美洲应当独立自主，美国必须退出。1953 年，他化名“切”，前往中美洲危地马拉。

他是阿根廷国民，却投身古巴革命。他认为：从墨西哥到阿根廷，拉丁美洲同呼吸共命运。1955 年，他来到墨西哥，结识古巴革命志士，成为“格拉玛号”游艇上 82 位勇士之一。

古巴革命期间，他的身份是军医，却擅长带兵打仗，很快成长为革命军的主要将领。1958 年，他晋升为少校，统率革命军，在攻克哈瓦那的战斗中立下功勋。

革命成功以后，他不当国家领导，继续当游击队队长，与四万古巴青年一起转战世界。1965 年，他带领志愿者，组建游击队，时而杀进非洲的雨林，时而深入南美的高山。

1967 年 10 月 8 日，玻利维亚政府军围剿游击队，游击队几乎全军覆没。10 月 9 日格瓦拉受伤被俘，最后壮烈牺牲。

不屈斗士卡斯特罗

卡斯特罗

菲德尔·卡斯特罗本来差一点成为一位烈士，但最终成为一位百折不挠的战士。

卡斯特罗出身古巴地主家庭。父亲拥有当地最大的庄园，母亲需要“开枪”才能招呼到他回家吃饭。他是哈瓦那大学法学系的高材生。

卡斯特罗家族是美国

古巴甘蔗贸易的既得利益者，但是他却洞察这些交易的黑暗和肮脏：美国公司赚大钱，古巴军阀赚小钱，古巴农民被饿死。由此，他也走向革命道路。

卡斯特罗有孤胆英雄的一面：

1953 年 7 月 26 日，他参加学生军进攻军营首举义旗。暴动很快失败，他沦为阶下囚。不过，他在法庭上慷慨陈词，《历史会判我无罪》让他赢得舆论支持，他侥幸逃出生天。

1956 年 12 月 2 日，他组织革命军偷渡入境再举义旗。起义再遭围剿，只剩 12 位勇士。然而，他仍然一边打游击，一边接受外国记者的采访，吸引无数民众云集响应。

卡斯特罗更有智者的一面：

1961 年，美国制裁古巴，蔗糖贸易断绝，古巴经济崩溃。

卡斯特罗实施土地改革，把土地收归国有。而且，他从自己做起，首先放弃自家私有土地。他的母亲持枪反抗，但最终还是无奈交出田产。由此，政府获得民心，古巴土改成功。

1991 年，苏联宣告解体，海外援助断绝，古巴经济再次崩溃。

卡斯特罗建立起保障体系。古巴人民获得公费教育，享受公费医疗，甚至推广生态农业。虽然古巴是一个贫穷的国家，但是古巴民众的基本生活有所保障，政府再次得到民心。

2016年11月25日，卡斯特罗以90岁高龄去世。古巴人民在他的葬礼上高唱《国际歌》。他所创建的红色古巴屹立不倒，成为拉丁美洲唯一的社会主义国家。

主题六

科学的世纪

导言

“物理学的大厦已经建成，剩下的只是一些装饰工作。”19世纪末，英国物理学家开尔文勋爵在皇家学会发表演讲《19世纪的热和光动力学理论上空的乌云》时说道。

老先生宣称：以牛顿经典力学为基础，物理学的大厦已经建成。理论和实验完美契合。只剩一些细节问题有待修正——用他的话说，那只是几朵“乌云”而已。

开尔文是杰出的物理学家。他提出了热力学第二定律。他的名号最后成为热力学的计量单位。不过，“乌云”的说法几乎让他的一世英名毁于一旦。

20世纪之初，以爱因斯坦为代表的一批物理学家灵光乍现，提出相对论和量子力学。牛顿经典物理的大厦倾覆。人们对时间和空间、物质和能量有了全新的看法。

放眼20世纪，不同学科的科学家脑洞大开，在物理、化学、生物和医学等许多领域，都取得突破性进展。

1 科学皇冠

2015年，屠呦呦获得诺贝尔生理学或医学奖。她是中国首位斩获诺贝尔奖的女科学家。屠呦呦的获奖原因是研制抗击疟疾的特效药青蒿素，协助拯救全球数百万患者的生命。

今天，人们公认诺贝尔奖是科学界最为耀眼的皇冠。获得诺贝尔奖是科学家的最高荣誉。那么诺贝尔奖从何而来？

诺贝尔

众所周知，诺贝尔奖创立者是发明家阿尔弗雷德·诺贝尔。确切而言，诺贝尔本人的身份比科学家这个标签更复杂。

诺贝尔

1833年，诺贝尔生于瑞典。其家族历史悠久，许多人不但是科学家，而且是实业家。他的父亲是工程师埃曼努尔·诺贝尔，主要发明是胶合板。他的母亲是科学家奥鲁夫·鲁德贝克的后代。

1842 年，诺贝尔一家离开瑞典来到俄国。

1850 年，诺贝尔离开俄国。少年诺贝尔才华横溢，先后求学于俄国、法国以及美国。在巴黎，他师从硝化甘油炸药的发明者意大利化学家索布雷罗，与炸药结下了不解之缘。

以后，诺贝尔的人生没有“躺赢”，挫折和痛苦接踵而来：

1859 年，诺贝尔家族的企业宣告破产。诺贝尔建立新的工厂，专门生产硝化甘油炸药。在试验中，他的兄弟集体上阵，测试新型炸药性能。

1864 年，诺贝尔工厂的试验发生事故。炸药剧烈爆炸，诺贝尔被炸伤，他的弟弟被炸死。瑞典政府查封诺贝尔的工厂，公众舆论指责诺贝尔是“科学狂人”。

面对来自四面八方的指责，诺贝尔的意志坚定，他强忍丧亲之痛，驾驶小船到湖泊中央，继续冒死进行炸药试验。

炸药

许多人认为，诺贝尔的主要成就是发明了炸药，因此有些媒体把诺贝尔奖称为“炸药奖”。然而严格而言，诺贝尔不是炸药的发明者，而是让炸药威力和安全达到平衡的改造者。

回顾历史，人类发明和改良火药或炸药的历史纵贯古今，横贯中西。

11 世纪，中国古代工匠提出黑火药的配方：“一硫二硝

黑火药

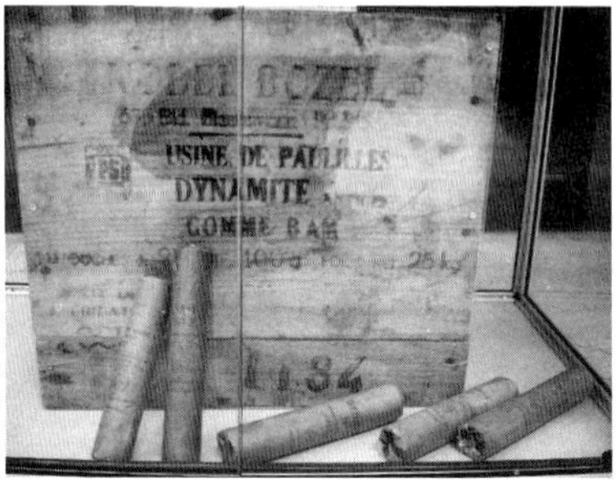

早期炸药

三木炭”。

19 世纪，意大利化学家索布雷罗合成硝化甘油，进而制成黄色炸药。

不过，人们始终无法制成一种理想的火药，兼顾威力和安全两大指标。

黑火药虽然性能可靠，但是功力不足，不能适应“逢山开路”的需要。

硝化甘油虽然威力迅猛，但是“性格暴躁”，经常导致“玉石俱焚”的结果。

诺贝尔经过闭关研究，终于让火药的稳定性和破坏力达到一种平衡。

1867 年，诺贝尔发明“达纳炸药”。他利用干燥的硅藻土，吸收液态的硝化甘油。由此，达纳炸药在储藏、运输中的安全系数得到大幅提高。

1875 年，诺贝尔发明“胶质炸药”。他利用黏稠的硝化棉，混合液态的硝化甘油，由此胶质炸药大幅提高爆炸时的能量输出。

此外，诺贝尔还有许多相关的发明，包括雷汞雷管和无烟炸药。他出售炸药配方的专利，买进各国工厂的股份，既推动了产业的发展，又取得了丰厚的利润。

诺贝尔奖

1896 年 12 月 10 日，诺贝尔带着巨大的商业成功和未竟的人生理想走到人生的尽头，他提出了关于“诺贝尔奖”的构想。

在遗嘱中，这位科学家和实业家向人们坦承了自己对人类未来的期望和忧虑：作为一位科学家，他坚信只有先进技术才能改造世界，科技将带给人类光明的未来。作为一位思考者，他怀疑世界将战火不断，和平将岌岌可危，人们需要团结起来追求和平。因此，他提出捐赠其遗产，以奖励科学研究、文学创作与和平事业中的杰出贡献者。

诺贝尔奖奖章

后人按照诺贝尔的遗嘱设立了“诺贝尔奖”，以诺贝尔的遗产颁发奖金。最初，诺贝尔奖共设 5 个奖项，包括物理学奖、化学奖、生理学或医学奖、文学奖与和平奖。奖金为 1 万—3 万英镑或 3 万—7 万美元。

瑞典皇家科学院

1901 年 12 月 10 日，在诺贝尔逝世 5 周年之际，诺贝尔基金会第一次颁发诺贝尔奖：

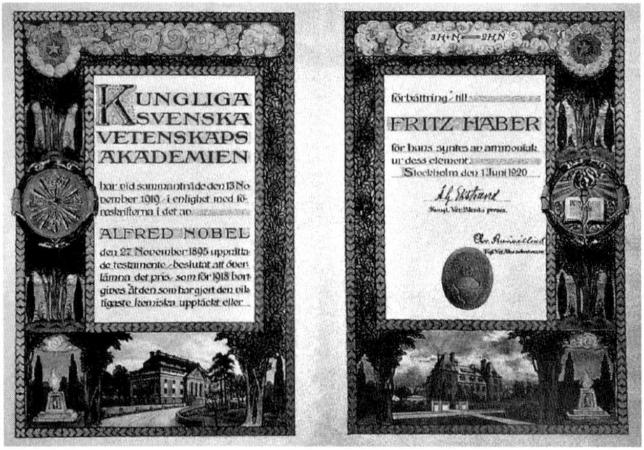

诺贝尔奖证书

物理学奖得主是德国科学家伦琴，其主要成就是发现X射线并将其投入应用；

化学奖得主是荷兰科学家范托夫，其主要成果是发现化学动力学定律；

医学奖得主是德国科学家贝林，其主要贡献是提出血清疗法；

文学奖得主是法国诗人普律多姆，其代表作是《孤独与沉思》；

和平奖得主是瑞士人杜南和法国人帕西，他们创立了国际红十字会和国际和平协会。

2 化学反应

化学是自然科学王国的王后。化学家的研究对象是物质——在原子、分子水平上的物质的性质和物质的变化。化学物质是指化学元素的单质和化合物，例如氢元素的单质氢气和氢氧元素的化合物水。化学反应是指化学物质变化生成新物质，典型的案例是：氢和氧发生反应，生成化合物水。现代的化学研究多种多样，主要分为：无机化学、有机化学、分析化学和物理化学等。

在科学研究中，化学家的主要工作是以实验室为基地，观察化学物质和分析化学反应。

在日常生活中，人们把人与人结合，例如恋爱、结婚等比作化学反应。

20 世纪，一个神奇的家族既形成了生活中的化学反应，又推动了科学中的化学反应，获得一家两代四人三次问鼎诺贝尔奖的成就。这就是居里家族。

第一代居里夫妇

1895 年，在法国巴黎，一场婚礼正在进行，一对新人喜结连理。

新郎名叫皮埃尔·居里。他是一个土生土长的巴黎小伙子。1859 年，皮埃尔生于法国巴黎。1878 年，不到 20 岁，他就获得巴黎大学物理学学位。

居里先生

居里夫人

新娘名叫玛丽·居里。她是一个背井离乡的波兰女留学生。1867 年，玛丽生于波兰华沙。1893—1895 年，她获得巴黎大学物理学和数学双重学位。

19 世纪末，在大学校园，居里夫妇发生了“生活中的化学反应”，他们相知相恋，最后走到一起。婚后，他们取得了名留青史的成就——发现自然界中的两种放射性元素。

1896 年，法国科学家贝克勒耳发现存放在实验室中的某些矿石会在黑夜中发出荧光。他猜测：自然界中的一些元素具有一种特殊的属性——放射性。

居里夫妇对放射性物质产生浓厚的兴趣，他们开始在实

居里夫妇研究放射性物质

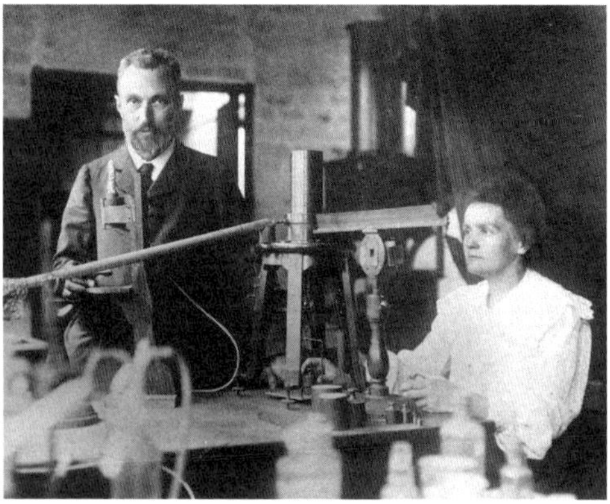

居里夫妇做实验

验室中研究带有放射性的矿石。经过漫长的试验，1898 年，居里夫妇通过放射性分析法，发现放射性元素钋；通过铀矿石的精炼，发现放射性元素镭。

最终，他们因为诸多研究成果双双获得诺贝尔奖。

第二代居里夫妇

1926 年，在盛夏的法国巴黎，人们又见证了一次“生活中的化学反应”，一场简朴的婚礼，这是另一对特殊的新人。夫妻二人宣布：他们将把双方的姓氏合二为一，成为“约里奥-居里夫妇”。

新娘名叫伊雷娜·约里奥-居里。她是居里夫妇最大的女儿。1925 年，她获得物理学博士学位，长期在居里夫人的实验室担任助手。

约里奥-居里夫妇

新郎名叫弗雷德里克·约里奥-居里。他是居里夫人的徒弟。1925 年进入居里夫人实验室担任助手。1927 年，他获得物理学博士学位。

20 世纪 30 年代，在实验室中，由于共同的兴趣——科学，有趣的化学反应又产生于第二代居里夫妇手中。婚后，居里夫妇取得超越父母的成就——人工合成放射性元素。

1904 年，英国科学家卢瑟福发表著作《放射学》，对放射性元素的研究提出新的解释。他指出：放射性是原子的一种性质，在特定条件下，原子发生衰变，释放射线。

居里夫人死后，大女儿和大女婿接管实验室，他们开始研究人工制造放射性物质的可能性。经过十年实验，他们获

在实验室工作的约里奥-居里夫妇

得一系列成果：

1932 年，约里奥-居里夫妇以射线轰击原子核，先后为人类发现中子和裂变等现象打下了基础。

1934 年，他们用射线轰击铝箔，得到放射性元素磷，开创人工合成放射性物质的先河。

1935 年，他们因为人工放射性元素的研究获得诺贝尔化学奖。

“阴盛阳衰”之谜

值得一提的是：在普通人的印象中，居里夫人似乎闻名遐迩，居里先生显得默默无闻。居里家族阴盛阳衰，这究竟是为什么呢?

实事求是地说，这种印象纯属误解。居里夫妇都是科学大师，他们的建树各有千秋。

在物理研究中，居里先生的主要贡献是发现电磁学中的“居里定律”和“居里点”。1895 年，居里先生发现：在特定温度下，铁、镍、钴等的磁性可能出现剧烈的变化。这一规律被称为“居里定律”，这一温度被称为“居里点”。

在化学研究中，居里夫人的主要贡献是发现放射学中的镭元素和镭的单质的提取方法。1910 年，居里夫人提炼数以吨计的放射性矿石，得到微乎其微的放射性元素镭的金属单质。1911 年，她获得诺贝尔化学奖。

放射性物质会释放放射线，长期暴露在放射线下，科学家的身体健康可能受到严重损害。然而，为了揭开放射性之谜，居里夫妇都坚持长期接触放射性物质，双双付出沉重的代价：

1906 年，居里先生英年早逝，他曾经用放射性物质照射手臂，研究放射线的性质。

1934 年，居里夫人因为放射性研究引起的贫血症去世。

3 万物之理

物理学是自然科学王国的国王。物理学家的研究对象是——宇宙万物及其运行的奥秘。确切而言，物理学研究“物质的结构和自然界的基本成分之间相互作用等根本问题”。物理学家的手里挥舞两把利剑：通过实验考察具体物理现象，通过理论推算抽象物理定律。物理学的疆域无远弗届，包括力学、热学、光学、电磁学以及核物理等。

17 世纪，物理学的进步引爆了科学革命，以牛顿为代表的科学家建立经典力学体系。由此，欧洲社会走出愚昧保守的中古时代，突入高歌猛进的工业时代。

20 世纪，一场新的物理学革命再次爆发，新一代学者提出全新的相对论和量子力学。回顾历史，这场物理学革命可以归结为两位物理学大师的一场有关万物之理的辩论。

爱因斯坦和相对论

在这场辩论中，一位主角是爱因斯坦。1879 年，爱因斯坦出生于德国南部的

爱因斯坦

小城乌尔姆。俗话说“德国狂人多，南德是个‘窝’”。爱因斯坦同学从小热衷于琢磨数学题和弹奏小提琴。1900 年，他毕业于苏黎世理工学院。白天，他伪装成人畜无害的专利局小职员。晚上，他变身为纵横宇宙的物理学探索者。日复一日，他一边演奏着小提琴，一边盘算着宇宙洪荒、时间空间、引力和光……

1905 年，爱因斯坦突然出山，发表多篇论文。他的观点惊世骇俗，整个世界为之震惊。在《论光的产生和转化》中，

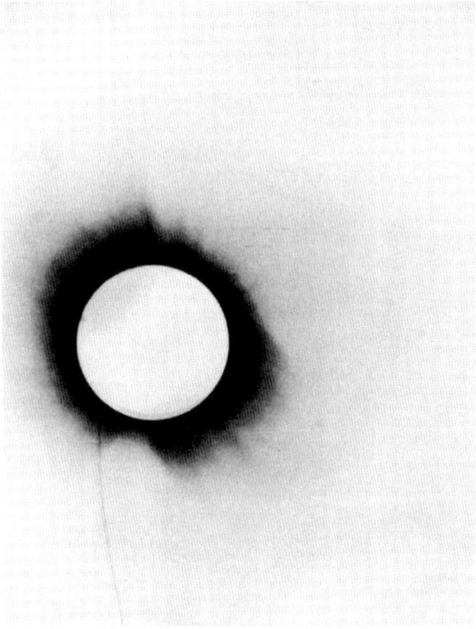
日食观测证明相对论

他提出光电效应方程式，推动了“光的波粒二象性”的研究。光既是一种波，也是一种微粒。在《论动体的电动力学》中，他又提出“质能方程”，能量是物质质量和光速平方的乘积。后世把这一年称为“爱因斯坦奇迹年”。

在这众多的奇迹中，最著名的是“相对论”。相对论可以分为狭义相对论和广义相对论。狭义相对论研究光在时空中的传播。广义相对论把讨论的范围从电磁现象扩大到万有引力。当时的人们被爱因斯坦的结论震惊：时空是相对的，时空会扭曲。

1921 年，爱因斯坦获得诺贝尔物理学奖，他的相对论颠覆了人们对宇宙的认知。

玻尔和量子力学

在这场辩论中，另一位主角是玻尔。

1885 年，玻尔生于丹麦的哥本哈根。丹麦号称欧洲的童话王国，玻尔堪称物理学界的魔法师。青年时代，玻尔爱好

玻尔

足球和数学。通常，队友全场狂奔，玻尔一边看守球门，一边思考人生。1911 年，他取得丹麦哥本哈根大学博士学位。1913 年，他得到英国曼彻斯特大学助教职位。对玻尔来说，足球太大了，他的眼里充满了更小的球体，一个比一个小，直到微观世界的尽头。

1913 年，玻尔发表著作《论原子构造和分子构造》，解释原子的内在结构和运动规律。与此同时，一批物理学家都在研究微观粒子，例如海森堡、薛定谔、狄拉克、玻恩等。在研究中，这些学者揭开了一系列物理规律，包括玻恩定则、互补原则以及对应原理等。后世把它们统称为“量子力学”的“哥本哈根诠释”。

量子力学的研究对象是电子、质子、中子和原子以及分子内的其他亚原子粒子的运动。在经典力学中，宏观物体运动的各项性质是绝对确定的，包括质量、速度、时间和位移等。在量子力学中，微观粒子运动的各项性质是相对不确定的，俗称“测不准原理”。

1922 年，玻尔获得诺贝尔物理学奖，量子力学颠覆人类对原子微观世界的观点。

索尔维论战

1911 年，比利时资本家索尔维发起了索尔维会议。这位“土豪”情怀满满，邀请各国学者举行大型会议。大家坐而论道，岂不美哉。

索尔维会议与会人员

1927 年，第五届索尔维会议在布鲁塞尔召开。然而，会场风云突变，爆发了一场论战。这场论战的交战双方正是爱因斯坦和玻尔。

爱因斯坦（左）和玻尔（右）1

爱因斯坦（右）和玻尔（左）2

爱因斯坦火力全开，吐槽量子力学提出的随机性都是鬼扯。他宣称上帝不掷骰子！薛定谔和德布罗意支持爱因斯坦。

玻尔等人针锋相对，强调量子力学提出的随机性都有根据，宇宙存在难以捉摸的一面。玻尔的支持者被称为“哥本哈根派”。

就这样，业余小提琴手和职业足球队员互不相让、你来我往，展开“亲切友好”的学术交流。每天早餐会，爱因斯坦信手拈来一个“思想实验”，宣称再次击中量子力学的

“致命软肋”。每天晚餐会，玻尔苦口婆心地罗列一大堆理论演算和实验结果，指出爱因斯坦观点的漏洞。最终，双方不欢而散，约定下一次索尔维会议再战。

最终，由于纳粹的崛起和第二次世界大战的爆发，爱因斯坦和玻尔的大争论延宕多年，无果而终。宇宙的终极问题依然悬而未决。

20 世纪的大师没有给出答案，却为人们打开了脑洞。

生物学是自然科学研究的重要领域之一。有时人们称呼生物学为生理学或者生命科学。通常而言，生物学家研究的对象是生命现象，特别是“一切生物共有的特征现象”。

因为自然界的生命现象千变万化，所以生物学的研究领域多元而庞杂。在19—20世纪，科学家们在生物的两个微观层面实现了生物学的突破。一个是充斥于环境之中的微生物，一个是生物演化的内在机制——基因。

微小的世界

虽然在17世纪，荷兰学者列文虎克就通过自制的显微镜观察到了细菌，但是，直到19世纪，微生物学才获得改变世界的力量。

19世纪60年代，法国科学家巴斯德通过鹅颈瓶实验证明了空气中存在细菌。他也证明了食物在与细菌接触后才会出现腐败，否定了之前盛行的自然发生说，并以此为基础，发明了巴氏消毒法，即通过适当的温度杀死食物中的细菌，同时保证食物的风味不改变。比如，将鲜奶加热到

62—65 ℃并保持一定时间来杀死其中的微生物，从而将保质期从 3 天延长到 16 天。这极大地促进了食品卫生事业的发展。

1876 年，德国科学家科赫通过证明炭疽杆菌与炭疽病之间的关系，指出每种传染病都是由某种特定微生物诱发的。这就是科赫法则。在此基础上，巴斯德研究了病原菌的性质，认为经过注射弱化的病菌可对相应的疾病产生预防效果。于是，他将狂犬病患者的唾液注射到兔子体中。在兔子染病后，再将兔的脑和脊髓制成可供免疫用的弱化疫苗，并于 1885 年在一个被患狂犬病的疯狗咬伤的 9 岁孩子身上进行注射，结果获得成功。这开启了人类对抗致病微生物的新时代，产生了减毒活疫苗和灭活疫苗。

遗传与 DNA

孟德尔

在更微观的层面，在 19 世纪末 20 世纪初，科学家首先攻克了遗传物质的传递之谜。

遗传是生物的基本特征。按照中国古人的说法：“龙生龙，凤生凤，老鼠的儿子会打洞。”然而，人们不确定遗传是通过什么传递的。

19 世纪 50 年代起，孟德尔进

行豌豆试验，研究植物的遗传物质。孟德尔杂交不同的豌豆，记录其后代的性状，总结出了两条基本规律，即孟德尔遗传规律：

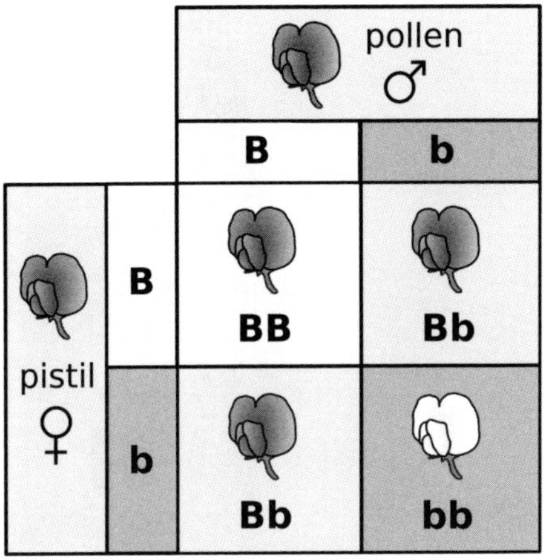

表现孟德尔遗传规律的图表

分离规律：植物的遗传物质成双成对，一个来自雄性，另一个来自雌性。

自由组合规律：植物的遗传单位发生自由组合，不同后代表现不同性状。

1910 年，摩尔根实施果蝇实验，研究动物的遗传物质。摩尔根杂交不同的果蝇，记录其后代的性状，特别是果蝇的性别和眼睛的颜色，从中发现了基因具有连锁现象，并认为基因可能自由组合。

摩尔根

20 世纪中叶，科学家们进而攻克了遗传物质的结构之谜。他们发现：多数生物的基因

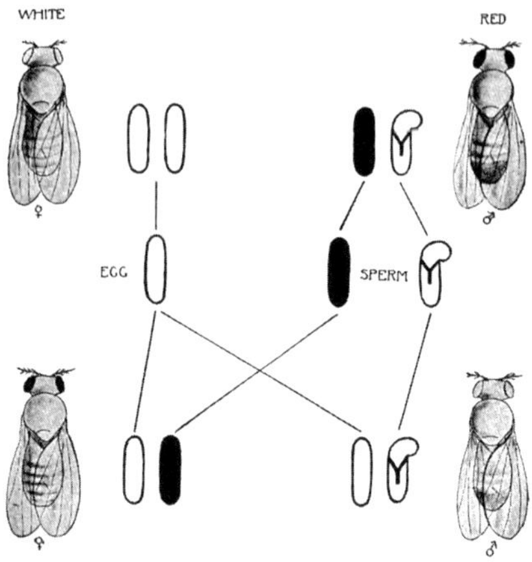

表现摩尔根的果蝇实验结果的图片

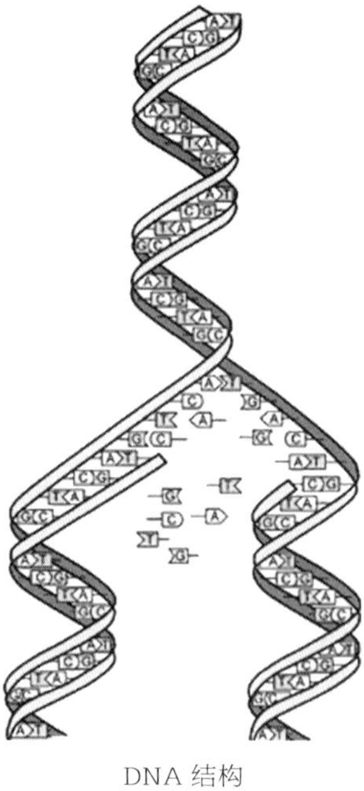
DNA 结构

位于 DNA 分子中，少数生物的基因位于 RNA 分子中。随后，三位来自世界不同地方的年轻人——威尔金斯、克里克和沃森让世人了解了 DNA 的内部结构和运作原理。1953 年，沃森和克里克提出 DNA 的双螺旋结构模型，威尔金斯同期也发表了论文。

DNA 由两条互相缠绕的螺旋状长链组成。

当两条长链合并时，两条长链构成双螺旋结构，长链上的四种碱基两两配对。

当两条长链分开时，每条长链都可以作为模板，组成与自己互补的另一条长链。

通过 DNA 双螺旋结构模型，他们成功地解释了 DNA 的分子结构和遗传物质复制的原理。

1962 年，三人共同获得诺贝尔生理学或医学奖。

克隆疑云

20 世纪后期，基因技术的应用引起全社会的争论。

随着科学的发展，人们开始关注生物技术的应用，其中，最引人注目的就是克隆技术。在自然界中，动植物通过自然方式繁衍后代。雌雄结合，生育子代，子子孙孙，不断传承。在实验室中，科学界通过人工手段制造生命，这种技术被称为克隆技术。

1996 年，在英国爱丁堡，科学家“制造”出了世界上第一只克隆羊——多莉（Dolly）。此后，人们克隆了各种动物，包括：鼠、牛、兔、马、猴、狗和猪。

一些人脑洞大开，想象克隆技术的前景特别是应用克隆技术基本可以复活已经灭绝的古生物。如在电影《侏罗纪公园》中，科学家从化石中提取基因，复活远古恐龙。

更多的人对克隆技术的前景表示忧虑，担心克隆技术遭到滥用，以至于出现克隆人。在电影《第六日》中，克隆人

人类历史上第一只克隆羊多莉

取代了主角的位置，霸占了主角的生活。

20 世纪，科学家走过了发现基因、理解基因、利用基因的三大步，如何妥善地使用基因技术成为 21 世纪人类的新课题。

主题七

人文的世纪

导言

“这就意味着为世界除魅。人们不必再像相信神秘力量存在的野蛮人那样，为了控制或者祈求神灵或求助于魔法。”

1919年，德国学者马克斯·韦伯发表演说《以学术为业》。韦伯——一位以他所写的德国人也看不懂德文长句而著称的学者——抛出了一个诡异的概念——除魅。

今天，学者对“除魅”含义争论不休。中文翻译就出现至少三种，包括“除魅”“祛魅”和“除魔”。简单而言，“除魅”就是一句大白话：世界不再神秘，一切皆可解释；这意味着以理性的思维理解宗教、心灵、政治和经济等过去认为神秘的现象。

20世纪，自然科学日新月异，人文学科同样蓬勃发展。新的知识与学科如雨后春笋般涌现、发展与传播。各路学者八仙过海，各显神通，要为人类社会——一个可能比自然世界更加复杂的世界——除魅：

政治学家探索国家和国家之间的相

处之道；

经济学人思考国计民生的内在规律；

心理学家揣摩人类内心的阴晴变化；

环境学者反思人类和自然和谐共存的途径；

……

天下大势，合久必分，分久必合。自古以来，谋士运筹帷幄，决胜千里的传奇不绝于书。

近代以来，学者建立全新的学科：国际关系学。这门学科研究国家与国家的相处之道，包括战争与和平、合作与斗争、国家政策与国际规则。

20 世纪，世界局势波诡云谲，先有席卷全球的世界大战，后有半个世纪的美苏冷战。与此同时，国际关系学也蓬勃发展，一批现代谋士活跃在国际舞台上。

权力至上

汉斯·摩根索是现实主义国际关系理论的创始人。

摩根索是一位德国犹太人。早年他曾经求学于柏林大学、慕尼黑大学和法兰克福大学。纳粹上台后，他流亡美国，出任芝加哥大学教授。

1948 年，摩根索发表了国际关系学的开山之作《国家间政治：为权力与和平的斗争》。摩根索学说的核心是权力：权力是国际关系的核心，国家利益是权力的体现。

第二次世界大战结束以后，许多人皈依理想主义的信念：只要建立国际合作，就能实现永久和平。摩根索批评这种思潮过于幼稚。他提醒人们必须注意，国内社会和国际社会存在本质区别。在一个国家内，人类社会是秩序井然的文明社会，人们和平共处，遵守法律而且恪守良知。而在国家间，人类社会是弱肉强食的黑暗森林，国家与国家之间不讲什么道德，权力是唯一的法则。

20 世纪 40 年代，国际格局风云变幻，印证了摩根索的无情预言：权力是国际关系的本质。第二次世界大战时期，美国和苏联曾是并肩作战的盟友。第二次世界大战以后，美国和苏联变成“兵戎相见”的对手。在全球范围内，美国建立军事基地，部署军事力量，四面出击围堵苏联。

糖衣炮弹

约瑟夫·奈是跨国主义国际关系学说的代表人物。

奈是科班出身的国际关系学者。他曾经求学于普林斯顿大学、牛津大学以及哈佛大学。成名以后，他回归讲台，成为哈佛大学教授。

1977 年，约瑟夫·奈等学者联合发表了名作《权力与相互依存：转变中的国际政治》。奈学说的关键词是相互依赖。不但小国依赖大国，而且大国依赖小国。

冷战时期，美、苏两大阵营剑拔弩张，双方不断扩充军力，在毁灭世界的边缘疯狂试探。奈批评权力至上的观点过于极端。他提出国家应该灵活运用硬实力和软实力处理国际关系。硬实力是看得见摸得着的具体的国家力量，其中包括军事力量、政治强权以及经济财力等。软实力是看不见摸不着的抽象的国家影响力，例如价值观念、思想文化以及科学技术等。

根据软实力理论，美国开始调整策略，不再依赖“坚船利炮”，而是发射“糖衣炮弹”。美国输出包罗万象的软实力产品：口香糖、牛仔裤、棒球、汽车、好莱坞电影和迪士尼乐园……世界各地的人们在接受这些产品时也在不知不觉地接受美国的价值观。

帝国谋士

基辛格是国际关系学者学以致用的典范。

基辛格

在国际关系学兴起以后，美国政府建立了旋转门制度，以促进研究者和决策者的相互融合。知识精英成为政府高参，政府高官成为大学教授。基辛格就是这样一位政府高参。

1954年，基辛格已学有所

尼克松

成，获得哈佛大学博士学位，1957年出版著作《核武器与对外政策》，专攻核武器阴影下的外交战略。

1969年，基辛格转入政界。尼克松总统慧眼识人，将基辛格提拔为国安会秘书和国务卿。

当时，美国已深陷越战泥潭。美国支持南越军阀政权，南越和北越激战几十年，美军被打得人困马乏。

面对僵持的局面，尼克松一筹莫展，基辛格献出妙计：推动中美和解，撬动世界格局。1971年7月9日，基辛格在访问巴基斯坦期间突然宣称因天气炎热而染病，需休息两天。接下来的两天被称为改变历史的48小时，基辛格秘密飞往中国的首都。中国领导人正在北京，他们将一同开启中美关系正常化的伟大进程。

1971年，通过基辛格穿针引线，尼克松访问中国，与毛主席进行会谈。

1973年，借助中美关系的改善，美越停战，基辛格获得诺贝尔和平奖。

基辛格和尼克松

值得一提的是，当美国的纵横家们高谈阔论时，新中国领导人提出了中国关于世界和平的观点、中国与外国交往的原则。今天，中国已经成为世界舞台的重要角色，中国学者正在努力，为世界和平提出中国方案。

“天下熙熙，皆为利来。天下攘攘，皆为利往。”自古以来，人们就对财富充满兴趣。

近代以来，学者建立了一门全新的学科——经济学，研究各种经济活动和经济关系的规律，涵盖财富增长与分配、财政与货币、生产与消费等。

20 世纪，世界经济跌宕起伏，既经历过史无前例的繁荣，也遭遇过前所未有的危机。经济学研究日新月异，其中最著名的是凯恩斯和哈耶克之间的世纪争论。

凯恩斯

凯恩斯的漫画形象

英国经济学家凯恩斯主张用有形的手干预经济。

凯恩斯一生堪称顺风顺水。父亲是剑桥大学经济学教授；母亲是剑桥大学高材生；他生于剑桥，青年时期在剑桥大学攻读数学和文学，毕业以后在剑桥大学担任教授。

美国大萧条中的妇女儿童

凯恩斯不满足于象牙塔内的学术研究，而是主张学以致用，为英国的国计民生献计献策。他游走在剑桥大学和英国政府之间，成为英国政府的经济顾问。

1929 年，资本主义世界经济危机大爆发，各国政府束手无策，经济陷入长期萧条的状态。1936 年，凯恩斯发表《就业、利息和货币通论》，提出“凯恩斯经济学”。

按照凯恩斯经济学，国家应该积极干预市场，通过“有形的手”介入、刺激经济增长。“就业”是第一个关键词。工人没有充分就业，社会就没有足够消费，经济势必陷入大萧条。“利息”是第二个关键词。当利息升高，投资者会增加储蓄；当利息降低，投资者会增加投资。只要政府调低利率，增发货币，就能刺激投资和激发消费。

照此观点，20 世纪 40 年代前后，许多国家政府积极干预市场，促进经济走出萧条，步入复兴。第二次世界大战前，美国政府实施罗斯福新政，政府注入资本拯救私人企业，组织工人修建公共工程。第二次世界大战后，美国政府实施马歇尔计划，通过美国政府提供巨额资金，推动欧洲各国经济复苏。凯恩斯经济学一时成为经济学中的显学。

哈耶克

哈耶克

美国经济学家哈耶克主张由无形的手主导市场。

哈耶克一生颠沛流离。他出身于奥地利学者家庭，家中有生物学家、经济学家和哲学家，可他本人经历坎坷，曾先后供职于英国伦敦政经学院、美国芝加哥大学和德国弗赖堡大学。

哈耶克师承奥地利学派经济学。他们认为：社会是个人的集合，经济学研究个人欲望。人的经济活动都是个人在追求欲望的满足。例如水对河边的人一文不值，对沙漠里的人价值千金。

1933 年，苏联第一个五年计划成功实施。各国政府先后积极干预经济，纷纷提高社会福利。1944 年，哈耶克发表

《通往奴役之路》，猛烈批判计划经济。

根据哈耶克的看法，国家不能过度干预经济，经济要想发展应该摒弃“有形的手”，回归“无形的手”。市场经济是无形的手。市场规律是自成体系的，人们不能干扰从经济繁荣到经济萧条的周期。国家干预是有形的手。虽然国家介入起初可能增加福利，但是国家管制最终必然导致控制。这就是通往奴役之路。

20 世纪 50 年代以后，随着美国和苏联对峙，哈耶克的观点成为西方世界的宠儿。在美国，哈耶克担任芝加哥大学经济学教授。在全球，以哈耶克为代表的经济学派被称为芝加哥经济学派。哈耶克带领芝加哥经济学派鼓吹自由放任经济政策。1974 年，哈耶克获得诺贝尔经济学奖。

休克疗法

凯恩斯的学说和哈耶克的理论南辕北辙。凯恩斯强调“有形的手”，哈耶克看重“无形的手”。于是，一个新的问题由此产生——谁的说法更加正确呢？

20 世纪中叶，凯恩斯思想曾经占据上风。世界各国政府普遍借鉴凯恩斯经济学的学说。1946 年，英国工党的内阁建立福利国家。1964 年，美国民主党政府推动全面就业。

20 世纪后期，哈耶克观点一度后来居上。西方经济学家普遍信奉芝加哥学派的理论。80 年代，英国撒切尔政府和

美国经济学家萨克斯

美国里根政府纷纷采取措施，压缩公共支出，鼓励私有企业。

美国经济学家萨克斯甚至提出更激进的政策——休克疗法。这种措施针对的是经济陷入严重滞胀的国家。在这些国家，同时出现经济停滞和通货膨胀。休克疗法的具体手段是通过“快刀斩乱麻”的激进改革，推动国家停止干预经济，建立自由放任的市场，包括政府减少财政赤字，削减社会福利，放弃国有企业，转为私有企业……

占领华尔街运动

苏联解体以后，1992 年，俄罗斯政府听信西方专家建议，对俄国经济进行休克疗法：展开激烈的经济改革，其中包括放开卢布汇率、削减人民福利以及甩卖国有企业。结果，俄国经济迅速崩溃，国内物价暴涨、失业骤增，私人寡头瓜分大型企业……

休克疗法导致人们再次对凯恩斯学说和哈耶克学说的优劣展开争论。

俄罗斯街景

今天，随着西方陷入经济危机和非西方国家的经济发展，越来越多的有识之士开始注意到现代西方经济学中的某些教条并不靠谱，因而致力于挖掘马克思主义等批判资本主义的经济理论和中国道路等西方世界以外的经济实践，为未来的经济发展寻找可靠的方向。

“宝宝心里苦，但宝宝不说！”

这是我们熟悉的表情包之一。当代，人们的物质生活日益富足，但是许多人的精神世界却充满苦闷。1879年，冯特创建了全新的学科——心理学。心理学家通过科学实验，研究人类的心理现象及行为活动。

每当我们提到心理学的概念，大家都会想起大名鼎鼎的学者和他们玄之又玄的理论，例如弗洛伊德和他的精神分析学、艾宾浩斯和他的记忆曲线以及马斯洛和他的需求层次论。

回顾心理学的发展历程，许多重要的心理学知识不但源于学者的孜孜以求，更源于动物的“拔刀相助”。

桑代克的猫

美国心理学家桑代克通过对猫的实验观察，揭示了人类学习的奥秘。

桑代克是哥伦比亚大学心理学教授。20世纪初，他发表《动物智慧》和《教育心理学》，设计了著名的心理学实验桑代克迷笼。

桑代克迷笼是一种特殊的笼子。笼子

外部设有出口，内部设有绳子、踏板和按钮等几种机关。当动物身陷其中时，只有触发特殊机关，才能打开笼子逃跑。

桑代克

桑代克找来猫，先让它饿到眼冒金星，再把它关进迷笼内部，观察猫的行为。他发现：猫起初撒泼打滚、横冲直撞、毫无章法，后来碰巧抓住绳子、按动按钮、逃出了迷笼。随后他反复把猫放进迷笼，他发现它逃脱迷笼的时间和试验次数的关系。这就是说猫通过反复尝试错误，学会了正确的逃脱法。桑代克称其为“试错”。

以猫逃脱迷笼为代表，桑代克设计出一系列动物实验，进而揭示出学习的内在规律。由此他提出联结主义的理论：通过尝试错误的过程，动物能够建立对特定刺激行为的应答。此外他提出学习的两大定律：效果定律——精益求精；练习定律——熟能生巧。他把心理学应用于教育，在美国教育界产生重大影响。

桑代克的猫实验

巴甫洛夫的狗

苏联心理学家巴甫洛夫借助对狗的实验观察，发现了条件反射现象。

巴甫洛夫

巴甫洛夫是1904年诺贝尔生理学或医学奖得主，他研究过心脏、肠胃和神经等方面的生理现象。晚年的他专心养狗，完成了心理学史上著名的实验——“巴甫洛夫的狗”。

巴甫洛夫发现：实验室饲养的狗有一个坏习惯——只要见到狗粮，就会垂涎三尺。让他迷惑不解的是：有时自己没带狗粮，狗看到他还是垂涎三尺。

巴甫洛夫猜测：狗的流口水行为不一定是先天具备的本

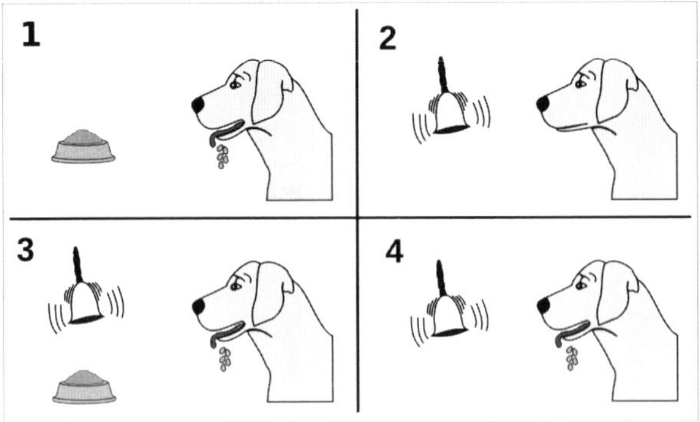

经典条件反射实验

能，也可能是后天养成的习惯。他设计了一个测试，用于验证这一假设。

首先，试验者只摇铃铛，不给狗粮，狗毫无垂涎的迹象。

接着，他们既摇铃铛，又给狗粮，每当狗看到狗粮，立刻垂涎三尺。

然后，试验者不断地重复这一过程，狗受到反复刺激，得出一个结论：只要听到铃声，就会吃到狗粮。

最后，试验者只摇铃铛，不给狗粮，狗听到铃声，依然会流口水。

通过这一实验，巴甫洛夫证明：通过练习，只要给出特定条件，就能引起相应的反应。这种反应被称为条件反射。

斯金纳的白鼠

美国心理学家斯金纳根据对于小白鼠的实验，进一步剖析了学习的本质。

斯金纳是明尼苏达大学心理学教授。他发表过《有机体的行为》和《科学与人类行为》。1938 年，斯金纳结合了桑代克对猫的实验和巴甫洛夫对狗的实验，设计出斯金纳箱。

斯金纳

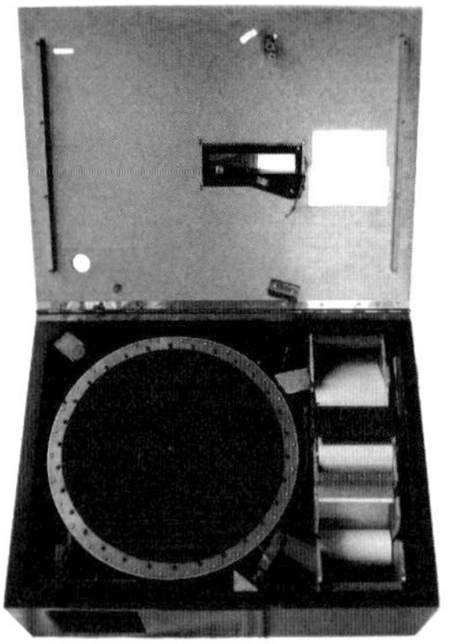
斯金纳学习机

斯金纳箱的实验对象是小白鼠。科学家先让白鼠保持饥饿，再把它们放进斯金纳箱中。在箱子的内部，白鼠面前有一个操纵杆和一个食物槽。科学家可以通过电子系统控制箱子。在简单的情况下，只要箱子里的小白鼠按一下操纵杆，斯金纳箱就会投放饲料到食物槽里。在复杂的情况下，科学家可以不断调整规则，反复"试探"小白鼠。

有时是奖励，只要小白鼠触碰操纵杆，就能获得食物。经过奖励，白鼠很快操作娴熟。他们发现：奖励有助于白鼠迅速学会操作。

有时是惩罚，只要小白鼠触碰操纵杆，就会遭到电击。经过惩罚，白鼠很快停止行动。虽然惩罚也能训练白鼠，但是惩罚一旦消失，白鼠就会回复常态。

之后，斯金纳开始"花式试探"白鼠，例如固定时间投放食物，多操作多投放食物，老鼠转圈就投放食物，老鼠跳舞也投放食物。

根据这些实验，他提出"操作性条件反射"一说，即通过奖励、惩罚以及其他各种训练，人类和动物可以学会各种技巧。

回顾20世纪，面对环境污染，人类社会走过了一条“先污染，后治理”的崎岖道路。在学术界内，人们建立环境学这一全新的学科。环境学家研究人类与自然和谐相处的方法。在公共领域，人们的环境保护意识觉醒，环境保护、生态平衡以及可持续发展成为大众的共识。要说20世纪环境保护运动兴起的原因，不得不提一种强力农药。

神药滴滴涕

瑞士化学家米勒可能是科学史上最倒霉的人物。虽然他生前荣誉等身，但是他死后竟然成了“环境污染”的代名词。

米勒

1939年，米勒发现二氯二苯三氯乙烷，简称为“滴滴涕”（DDT），它具有杀虫功效。当时人们认为：理想的杀虫剂应该具有最高效率，只要一种化学药剂，就能杀死各种害虫。滴滴涕是一种

盒装滴滴涕

无色的晶体。它可以破坏昆虫的神经系统，从而高效率地消灭各种常见害虫。人们既可以把滴滴涕加工成粉末，也可以把滴滴涕配置成溶液，当作杀虫剂使用。

1943 年，美国政府开始试验应用滴滴涕。人们很快发现这种物质有惊人的杀虫效果。首先，他们成功消灭科罗拉多马铃薯甲虫，接着，他们再次借它压制虱子造成的斑疹伤寒疫情。此后，人们证明滴滴涕果然能够杀灭多种害虫，其中包括虱子、跳蚤、蚊子、甲虫以及飞蛾等。滴滴涕迅速成为最常见的杀虫剂，广泛应用于卫生防疫和农业生产。

喷洒滴滴涕

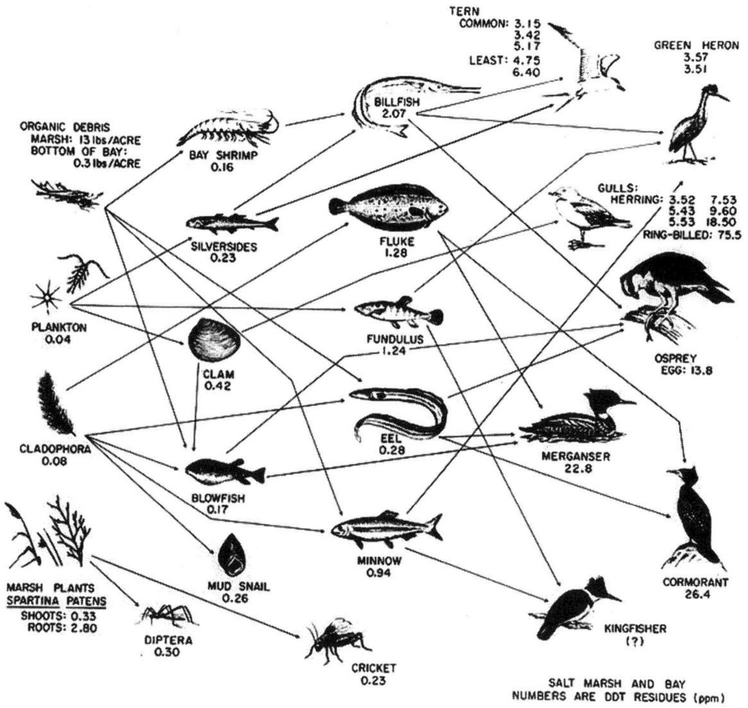

美国科学家绘制的滴滴涕对生物危害示意图（连线为食物链，数字为含量）

1948 年，作为强力杀虫剂滴滴涕的发现者，米勒获得诺贝尔生理学或医学奖。

当时，大多数人都认为滴滴涕是农业的福音，不过，也有人意识到滴滴涕是环境的灾星。

寂静的春天

美国生物学家蕾切尔·卡森是滴滴涕杀虫剂的终结者，

卡森

卡森在考察

也是环境保护运动的开创者。

1932 年，卡森取得霍普金斯大学动物学硕士学位，进入伍兹霍尔海洋生物实验室工作。卡森既是学者，也是作家，她笔耕不辍，向人们展现了瑰丽而脆弱的野生动物世界。

1962 年，卡森发表《寂静的春天》。这本著作融合科学研究、新闻调查以及文学描写，揭露滴滴涕杀虫剂造成的严重的环境污染。

卡森指出美国政府、大型企业和某些专家相互勾结，激进推广使用强力杀虫剂滴滴涕，但是官员、商人和学者都向公众隐瞒了滴滴涕的副作用，特别是它对生态环境的破坏。

虽然滴滴涕表面上似乎对人类没有毒性，但它实际上造成了有毒物质的沉积。毒素首先污染土壤、水流和空气，进而毒害昆虫、鱼类、鸟类以及其他的各种动物和植物。最后，人类自食其果：鲜花不再绽放，昆虫不再鸣叫，鸟儿不再吟唱，野兽不再咆哮。等待人类的只有如书名一样的大自然——寂静的春天。

《寂静的春天》一经面世销量就达到 10 万册。与此同时，民众奋起抗争，要求废止滴滴涕农药。1970 年，美国政府决定禁止滴滴涕的使用，用分解更快和毒性更低的新兴农药取代了它。

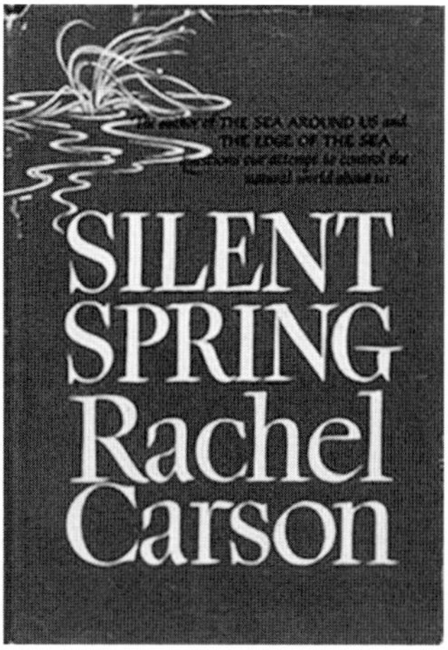

《寂静的春天》

可持续发展

与此同时，世界各国都遭遇了一系列环境污染事件：

1930 年代，美国民众经历了史无前例的土壤污染事件——黑色风暴事件。过度开垦造成水土流失，沙尘暴席卷美国西部，几千人被迫逃离家园。

1952 年，英国伦敦民众目睹了前所未有的空气污染事件——伦敦烟雾事件。当时，燃煤产生烟雾，毒雾笼罩伦敦。一个月内，毒雾造成数千人受害。

1956 年，在世界另一端，日本民众遭遇了轰动全球的水污染事件——日本水俣病事件。由于工厂违规排放废水，水体受到剧毒物质汞元素污染，水俣湾地区的村民纷纷染上怪病。轻者手脚麻木，无法说话；重者四肢畸形，精神失常。

面对一系列环境污染事件的冲击，环境保护逐渐成为全球的共识。

1984 年，联合国成立世界环境与发展委员会。

1987 年，委员会发表《我们共同的未来》，正式提出一个全新的概念——可持续发展战略。可持续发展是指既满足当代人需要，又不对后代生存与发展构成危害的发展。在经济增长与保护自然资源、保护生态环境相协调的情况下，实现经济与社会的长期、稳定、健康的发展。

主题八

合作的世纪

导言

“我联合国人民同兹决心。欲免后世再遭今代人类两度身历惨不堪言之战祸……”

1945年6月26日，近代著名外交家顾维钧代表中国签署《联合国宪章》。这一年，美国、苏联、英国和法国等51个国家签署了该宪章。

《联合国宪章》开宗明义。各国的外交家用中文、英语、法语和俄语阐明同一个愿景。联合国的目标是推动国际合作，避免战争灾难。

今天，环球同此凉热，全球化达到前所未有的程度。国际合作，作为一系列有关全球治理的新目标，史无前例地影响了人们的生活。其中，最引人注目的就是形形色色的国际合作组织：

联合国为世界和平保驾护航；

世界贸易组织为经济发展添柴加薪；

欧洲联盟是区域深度整合的先驱；

……

此外，我们喜闻乐见的国际体育赛事也是一种国际合作，例如世界杯和奥运会。

众所周知：联合国是全世界极重要的国际组织之一。联合国的基本职能是维护世界和平。那么，联合国从何而来？联合国有哪些规则？人们为何设置这些规则？

国际联盟

1914 年，第一次世界大战席卷欧洲。由英法主导的协约国大战以德奥为首的同盟国。协约国战死 540 万人；同盟国损失 400 万人。

1918 年 1 月 8 日，美国总统威尔逊发表《十四点原则》。其中最后一条提出建

联合国秘书处

立国际组织的愿景："为了保证大小国家都能相互保证政治独立和领土完整，必须成立一个具有特定盟约的普遍性国际联盟。"

第一次世界大战结束以后，通过威尔逊的努力，联合国的前身国际联盟逐渐成形：

1919 年 4 月 28 日，在巴黎和会上，23 个国家签署《国联盟约》。

1920 年 1 月 10 日，国联正式成立，总部设在瑞士日内瓦。

1920 年 6 月 29 日，中国加入国联，成为国联会员国之一。

《国联盟约》宣称：国际联盟奉行两大基本目标——"维护世界和平"和"促进国际合作"。为此，国联推动集体安全、国际仲裁、裁减军备以及公开外交等方面工作。

根据国联盟约，国际联盟设置三大主要机构——国联大会、国联理事会和国联秘书处。此外，国联另设专门机构，包括国际法院和国际劳工组织。但是，美国没参加国联，英、法控制了该组织的运行。国联总体上缺少公正性。

20 世纪上半叶，随着第二次世界大战爆发，国联很快土崩瓦解：

1931 年，日本入侵中国领土，国联袖手旁观。

1935 年，意大利入侵埃塞俄比亚，国联无力反制。

1939 年，欧洲陷入战火，国联名存实亡。

联合国

1931年，第二次世界大战横扫全球，法西斯轴心国和反法西斯同盟国展开殊死搏斗。第二次世界大战是空前的浩劫，造成6000万人死亡。

1941年8月14日，罗斯福总统签署《大西洋宪章》，其中第六条提出缔造永久和平的设想：“纳粹暴政被最后消灭之后，他们希望建立和平，使所有国家能够在它们境内安然自存，并保障所有地方的所有人在免于恐惧和不虞匮乏的自由中，安度他们的一生。”

第二次世界大战结束前后，在同盟国推动下，当代最重要的国际组织联合国登上国际舞台：

1945年6月26日，旧金山会议上，50个国家签署《联合国宪章》。10月15日，波兰也签署了该宪章。

1945年10月24日，联合国宣告成立。总部设在美国纽约。

1971年10月25日，中华人民共和国恢复在联合国的合法席位，成为五大常任理事国之一。

联合国基本宗旨是“维护国际和平”，基本原则是“各国主权平等”，保护“国家的领土完整和政治独立”。

按照联合国宪章，联合国设置三大主要机构：联合国大会、联合国安理会以及秘书处。此外，联合国也设专业机

初代联合国秘书长赖伊

2017 年上任的联合国秘书长
古特雷斯

构，例如世界卫生组织和教科文组织。

此后，20 世纪下半叶，在第二次世界大战同盟国的基础上，联合国逐渐发展壮大。

1942 年，26 个国家草签《联合国家宣言》。

《联合国家宣言》发表

联合国安理会开会

1945 年，51 个国家签署《联合国宪章》。

2015 年，联合国正式会员国数量达到 190 个以上。

守护和平

从国联到联合国，现代国际组织的发展不但是名称的更迭，而且是规则的进化。

国联的规则有两大致命漏洞：

国联的盟约规定：当两个国家爆发冲突时，交战双方应该立即停火，停火时间三个月。三个月内，双方分别提出申诉；三个月后，国联公平裁决争端。

但是，首先，国联奉行全体一致原则：各国必须全体赞成，国联才能做出决议。

其次，国联无法自行出动军队，如果某国一心求战，那么国联束手无策。

20世纪前期，法西斯势力蠢蠢欲动，国联只有维护和平的口号，没有制止战争的实效。其中典型案例是对“九一八事变”的处理。1931年9月18日，日本侵略中国东北，中国请求国联干预。国联口头谴责日本侵略，日本代表愤而退出国联。此事在国联不了了之。

后来，联合国修复了国联的两大漏洞：

《联合国宪章》规定：“安全理事会判断任何和平之威胁、和平之破坏或侵略行为是否存在”，而且“采取必要之空海陆军行动，以维持或恢复国际和平及安全”。

联合国有权组建维和部队，凭借强大军事力量打击、弹压一切侵略势力。

联合国奉行大国一致原则，对于联合国的决议，安理会五大常任理事国有一票否决权。

联合国维和部队

布雷顿森林会议

1944 年 7 月 1 日，44 国代表聚集在美国新罕布什尔州布雷顿森林镇华盛顿山大旅社。这场会议的主题是终结 20 年来世界经济的乱象：

1929 年 10 月，美国股市一泻千里，百亿市值瞬间蒸发，人称黑色星期四事件。随着股市崩溃，连锁反应爆发：银行遭到挤兑、产品滞销、企业破产、员工失业，经济严重衰退。在美国，工业产值萎缩 46.2%，1200 万—1300 万人失业，在全球，工业产值严重下滑，西方国家社会动荡。史称 1929—1933 年世界经济大危机。随即，世界各国展开激烈的贸易战争和货币战争：

1930 年 5 月，美国首先挑起贸易争端，针对 890 种外国商品，提高进口税率约 40%。于是，25 个国家纷纷提高关税，通过高额税收，抵制外国商品。世界贸易萎缩一半。

接着，1931 年 9 月，英国放弃金本位制，英镑和黄金脱钩，政府可以自由地印刷钞票。此后，15 个国家放弃金本位制，通过印刷纸币，抵销政府债务。各国普遍通货膨胀。

至此，世界经济失序，国际政治动荡。德国纳粹上台，世界大战爆发。因此，第二次世界大战结束前夕，人们痛定思痛，谋求亡羊补牢，建立国际组织，维护经济合作。

怀特大战凯恩斯

1944 年，在美国新罕布什尔州布雷顿森林召开了有 44 个国家参加的国际货币金融会议，会议上，虽然各国代表云集，现场人头攒动，但是真正的主角只有两位：英国代表凯恩斯和美国代表怀特。

怀特是美国财政部副部长，代表新一代的帝国美国。他是一位大器晚成的经济学学者，38 岁才拿到经济学博士学位。

布雷顿森林会议双雄：
怀特（左），凯恩斯（右）

怀特建议：建立全球性的“小金库”——国际货币稳定基金，功能是救助经济困难的国家。各国根据黄金外汇储备，献出一定数量的资金，占有相应比例的股份。

凯恩斯

第二次世界大战时期，美国人大发战争财，坐拥全球3/4的黄金储备。怀特计划的目标不言而喻：美国当大老板，大家意下如何？

凯恩斯是著名经济学家，代表老一代的霸主英国。他是一位少年得志的经济学天才，26岁就成为剑桥大学的讲师。

凯恩斯主张：设立世界性的中央银行——国际清算联盟，职能是发行世界通用的货币。根据各国战前贸易总额，联盟确定各国相应的份额。

相对而言，英国绅士的目标更加隐晦。贸易额的参考值是战争爆发前的1936—1939年。显然，这种算法有利于英国人空手套白狼。

为了真金白银，双方斗智斗勇，留下了许多趣闻：

在宾馆，凯恩斯夫人每天在楼上排练芭蕾，吵得楼下的美国代表团不得安宁。

在会场，怀特每天安排美国记者把凯恩斯团团围住，闹得英国代表精疲力竭。

布雷顿森林体系

最终，英美代表达成妥协，各国代表签署条约——《布

布雷顿森林

雷顿森林协议》。条约规定以怀特计划作为主体，凯恩斯计划为补充，建立布雷顿森林体系：

第一，美国货币和黄金挂钩，美国政府保证美元的含金量：35 美元折合 1 盎司黄金。

第二，各国货币与美元挂钩，当兑换货币时，各国拿出美元，美国给出黄金。

在布雷顿森林体系的框架下，国际社会设立三大机构作为经济合作三大掌门，分别是国际货币基金、世界银行集团和世界贸易组织。

1971 年，美国政府宣布，美元和黄金不再挂钩，但是三大国际机构依然继续运作。

国际货币基金组织（简称 IMF）相当于怀特计划中的国

际货币稳定基金的强化版。1945 年 12 月 27 日，国际货币基金组织成立。该组织共有 189 个成员国。主要职能是“存钱”。在经济繁荣时期，世界各国对 IMF 注入资金。在经济萧条时期，IMF 对困难国家提供救助。按照惯例，IMF 的总裁多由欧洲人担任。

世界银行（简称 WB）相当于凯恩斯计划中的国际清算联盟的弱化版。1945 年 12 月，世界银行正式成立。世界银行也有 189 个成员国。主要职能是“借钱”。由富裕的国家提供闲置资金，为贫穷的国家提供长期贷款，投资民生、卫生和环保等事业。根据惯例，世界银行行长多由美国人

世界贸易组织会议场景

担任。

除此之外，世界贸易组织（简称 WTO）的主要功能相当于全球国际贸易的“主裁判”。1947 年，23 国签署《关税和贸易总协定》，各国集体承诺：鼓励自由贸易，降低关税壁垒。1995 年，世界贸易组织成立，并成为联合国常设机构，监督国际贸易。

2001 年，中国经过长期艰苦的谈判，终于加入世贸组织，进而成为世界工厂和全球经济增长的强劲引擎。

2016 年 6 月 23 日，英国举行脱欧公投，通过全民投票表决，决定英国是否退出欧盟。投票结果出人意料，多数英国人选择“分手”：51.89% 的民众支持英国脱欧。不过也有 48.11% 的民众支持英国留欧。随即，英国和欧盟展开旷日持久的谈判，直至 2020 年 12 月才终有结果。

在全球化时代，欧盟是地区合作的“模范生”。地区合作是全球化进程的重要形式之一。在特定的地区，许多国家组成联盟，推动深度国际合作。典型案例包括：非洲的非洲联盟、拉丁美洲的里约集团和东南亚的东南亚国家联盟等。

拨开历史的帷幔，走进时间深处，让我们看看欧盟从何而来？英国脱欧对于欧盟有什么影响？

舒曼计划

欧盟的蓝图是舒曼计划。计划的提出者是法国人舒曼。

近代以来，欧洲烽火不断，特别是法国和德国反复厮杀：

1806 年，拿破仑统率法军横扫中欧，德意志民族的神圣罗马帝国解体。

1870 年，俾斯麦操盘德国打败法国，德国占据阿尔萨斯和洛林。

1914 年，第一次世界大战爆发，德法血战四年，法国夺回阿尔萨斯和洛林。

欧盟之父舒曼

1940 年，德国闪击法国，巴黎沦陷。

1944 年，盟军反攻欧洲，法国光复，德国战败。

与此同时，德、法仇杀贯穿舒曼的人生：

1886 年，他生于德、法两国之间的卢森堡。他的家族来自洛林地区。

1886—1919 年，洛林归附德国，他是一个德国人，在柏林洪堡大学攻读法学。

1919—1941 年，法国夺回洛林，他变成了法国人，当选法国国民议会的议员。

1942—1945 年，德国占领法国，他加入抵抗运动，反抗德国统治。

1946—1950 年，法国光复以后，他曾担任法国内阁总理、财政部部长以及外交部部长。

第二次世界大战结束以后，欧洲满目疮痍。战胜的法国化为一片废墟，战败的德国遭到强行“肢解”。但是两国围绕盛产煤炭铁矿的省份阿尔萨斯、洛林以及萨尔，再次爆发争端。1947年，美国提出马歇尔计划，为法国和西德等欧洲国家提供经济援助，推动经济复苏。

1950年5月9日，舒曼提出“舒曼计划”，主张法国和德国停止仇杀，欧洲国家联合起来以保证和平：

“如果没有相应的创造性努力来保卫和平，世界将没有长期的和平……欧洲国家联合首先需要减少长期以来法德间的敌视。”

由此，欧洲一体化的大幕徐徐拉开。

舒曼出席欧洲议会

欧洲共同体

根据舒曼计划，欧洲一体化的开端是建立欧洲共同体：欧洲联合要求解除法国和德国的对立，法、德两国应该采取措施。另外应该建立煤钢共同体，管理煤炭和钢铁。

欧共体峰会

计划提出以后，法国、联邦德国、荷兰、比利时、意大利和卢森堡六国首先响应。

1952 年，六国建立欧洲煤钢共同体。

1958 年，六国组成欧洲经济共同体和欧洲原子能共同体。

1967 年，三大共同体合并成欧洲共同体。

欧洲共同体的主要目标是整合欧洲各国经济，特别是煤炭、钢铁以及核电等“拳头产业”。经济一体化的典型案例是空中客车公司。

1970年，欧洲的法国、德国和其他国家联合组建空中客车公司，专攻飞机设计制造。公司的总部设在法国小城图卢兹。分公司遍及法国、德国、英国、比利时以及西班牙等国。空中客车的生产整合德国的钢材、法国的电机、英国的引擎、荷兰的石化以及比利时的金融等。由此，空中客车成为世界民航业两大巨头之一。

空中客车只是欧洲共同体经济整合的无数受益者之一：

在法国巴黎，设计师苏菲放下意大利普拉达包包，发动德国大众甲壳虫汽车去上班。来到办公室，她打开了荷兰飞利浦的照明灯开始工作。

在德国汉堡，工程师汉斯穿上意大利阿玛尼西装，乘坐法国阿尔斯通子弹头列车出差。在周末假期，他喜欢喝一杯比利时英博啤酒排解疲劳。

在欧洲，无数人享受一体化福利，成为欧洲公民。

欧洲联盟

按照舒曼计划，欧洲一体化的目标是建立欧洲合众国：

“我们正在进行一项伟大的实验。目标是实现千年来欧洲人始终不渝的同一个梦想。我们正在建立国际组织，让它成为战争的终点与和平的保障。”

冷战结束以后，欧洲一体化进程加速：

1992 年，在荷兰马斯特里赫特，欧洲 12 个国家签署《欧洲联盟条约》。

当时的欧盟旗帜

欧元纸币

2002 年，19 个国家开始以欧元为流通货币。

2004 年，在意大利的首都罗马，25 个国家签署《欧洲宪法条约》。

2015 年，欧盟已经达到空前规模：28 个成员国，5 亿人口，总产值达到约 18 万亿美元。欧盟总部设在布鲁塞尔，官员人数反客为主碾压比利时政府。

同时，欧盟不但建立机构，包括首脑会议、部长会议、欧洲议会、欧洲银行和欧洲法院，而且设置“元首”——欧洲理事会主席和“政府首脑”——欧盟委员会主席。

不过，随着国际合作的深入，欧盟不是一次，而是多次触礁：

1992 年，丹麦公投否决《欧洲联盟条约》，拒绝欧元。

欧洲议会，欧盟的立法、监督和咨询机构

2005 年，荷兰公投否决《欧盟宪法条约》，导致欧盟宪法搁浅。

2007 年，欧洲 27 国签署《里斯本条约》，取代欧盟宪法。

2008 年，爱尔兰公投否决《里斯本条约》，53.4% 选民反对《里斯本条约》。

……

因此，英国脱欧不是黑天鹅事件，而是欧洲一体化进入深水区后的多次险情之一。

2022 年 12 月 18 日，法国队和阿根廷队在卡塔尔世界杯决赛中各进三球，阿根廷点球取胜，梅西举起大力神杯。

在全球化时代，体育比赛是一种特殊的国际互动，世界各国运动员同场竞技一较高下。例如世界杯、奥运会和冬奥会等。其中，世界杯是绝对的第一赛事。

2022 年世界杯阿根廷队队长梅西

那么，世界杯从何而来呢？世界杯最初源于三场“互撕”。

现代足球

1863 年，现代足球诞生于一场英国酒

吧的争吵。

1863 年 10 月 26 日，英格兰各地的足球爱好者云集伦敦皇后大街的共济会酒吧开会。大家围绕一个古老的问题展开了争吵：足球应该遵循哪些规则？

在世界各地，早在古代，人们就热衷于踢球，例如中国的蹴鞠、罗马的橄榄球和玛雅人的死亡球赛。各国踢球规则五花八门，例如玛雅人规定球员只能用胸部、膝盖和大腿触球。

古代英国的人们尤其热爱足球。中世纪，诺曼勇士打败丹麦海盗，夺取了英国的王座。在一场血战之后，英国士兵飞起一脚，踢飞了丹麦海盗的脑袋，传说这是英国足球的起源。

那时，踢球是英国平民撒欢的方式之一。人们扶老携幼全村出动，手脚并用、拳打脚踢。国王多次下令禁止踢球，但是人们踢球的热情经久不衰。

近代以后，足球进入英国大学校园。在不同学校，教师、学生分别制定各自的规则。经过多年争吵，人们决定召开会议，确定统一规则。

又经过一段时间的争吵，绅士们最终决定分道扬镳：

一些人支持拉格比公学规则，保留用手持球，鼓励冲撞拉拽。他们成为橄榄球的前身。橄榄球（rugby）源于拉格比公学的校名。

多数人接受剑桥大学的规则，禁止以手触球，限制暴力犯规。他们组建英国足球总会，简称“英足总”。

国际足联

1904 年，国际足联诞生于英国人和欧洲大陆人的互不相让。

1872 年 11 月 30 日，英格兰队和苏格兰队正面交锋，双方激战全场，最终互交白卷。在大英帝国，苏格兰（1873 年）、威尔士（1876 年）和爱尔兰（1880 年）分别建立足球协会。英足总先后建立了足总杯（1872 年）和英格兰联赛（1888 年）。按照传统，英格兰、苏格兰、威尔士、北爱尔兰分别组队参加国际比赛。

英格兰夺冠

在欧洲大陆，荷兰（1889 年）、意大利（1898 年）和德国（1900 年）等先后建立足球协会。欧洲人急切希望展开国际比赛。

因为英足总成立时间最早，所以各国球迷不断发电报，催促英足总主持国际足球比赛。不过英国对国际比赛态度冷淡，欧洲人只得另起炉灶。

1904 年 5 月 21 日，国际足联在法国巴黎宣告成立，欧洲的 7 个国家成为创始会员国，包括法国、荷兰、丹麦、瑞典、瑞士、比利时和西班牙。这一事件还有诸多有趣的花絮：

首次国际足联大会与会人员

在英国，英格兰、苏格兰、威尔士和北爱尔兰足球协会曾数次进出国际足联，直到第二次世界大战结束，英国的四个足协才重新加入。

在德国，当时，德国足协来不及派人赶到巴黎，只能发电报强行参加国际足联，最终错过创始资格。

在西班牙，西班牙人还没有建立足协，皇家马德里队代表西班牙注册为国际足联成员。

今天，国际足联共有 200 多个会员，而联合国只有 190 多个会员。

世界杯

世界杯诞生于国际奥委会和国际足联的分裂。

1908 年，足球成为奥运会的正式项目。奥运会是国际足球最高赛事。然而，好景不长：

根据奥林匹克精神，只有业余运动员，才能参加奥运会，他们不能通过比赛获得报酬。美国的巴顿将军就以业余运动员身份参加奥运会的现代五项比赛。

足球运动截然不同，大多数的球员是职业运动员。他们效力职业球会，参加职业联赛。英足总征召职业球员参加奥运会，他们连续拿下两届奥运会金牌。

1930 年，奥委会和英足总的矛盾激化。

在巴黎，国际足联主席雷米特为足球运动的前途心急如焚。深思熟虑后，老雷对各国发出倡议：举办全新的国际足

世界杯之父雷米特

球比赛——世界杯。

在南美，一个名不见经传的小国——乌拉圭率先响应国际足联举办世界杯的号召。乌拉圭是一个小国，人口只有几百万。为什么乌拉圭人要当“出头鸟”呢？

1825 年，乌拉圭独立。1925 年，乌拉圭迎来建国百年。在此前后，乌拉圭足球如日中天，连续夺得 1924 年和 1928 年两届奥运会金牌。

在机缘巧合下，国际足联和乌拉圭人不谋而合，国际足球的命运峰回路转。

1930 年 7 月 13 日，第一届世界杯在乌拉圭开球。只有 13 个国家参加这一届世界杯。由于经济危机，英国、德国和意大利等强队没有参赛。

乌拉圭世界杯

乌拉圭夺冠

1930 年 7 月 30 日，决赛在首都蒙得维的亚打响。比赛的双方分别是乌拉圭和阿根廷。最后，东道主乌拉圭幸运地以一球小胜第一次捧起冠军奖杯。

主题九

发展的世纪

导 言

“Stay hungry，Stay foolish.”2005年6月12日，美国斯坦福大学毕业典礼，苹果公司的创始人——史蒂夫·乔布斯用上面这四个单词概括自己一生的信条。

1976年，乔布斯创建苹果公司。商标是被咬掉一口的一只苹果，象征着智慧的果实。三十年间，乔布斯和苹果执着到近乎顽固地践行自己的信条，打造经典产品，重新定义生活：Macintosh——个人计算机；iMac——笔记本电脑、iPod——智能播放器、iPhone——智能手机、iPad——大屏智能设备……

20世纪，卓越的企业家和企业通过新知识与新技术一次又一次改变人们的衣食住行：

杜邦公司发明化学纤维，廉价耐用的服装进入衣柜；

麦当劳创造现代快餐，改变全球吃货的饮食习惯；

包豪斯重新定义建筑，推动住房兼具美感和实用；

福特汽车开创流水线，让平价汽车

走进千家万户；

……

21 世纪，越来越多的中国企业参与重塑中国甚至世界各国人们的工作和生活：

华为——建构万物互联的智能世界；

阿里——让天下没有难做的生意；

……

1 衣的革命

“吴刀剪彩缝舞衣，明妆丽服夺春晖”，人类都是爱美的，除了喜欢心灵美、长得好看的，穿得好看的也很受欢迎。千百年间，虽然奇装异服花样百出，但是服装面料相对单一，主要是棉花、丝绸和羊毛等。20世纪，一家美国公司剑走偏锋，点亮化学纤维的科技树。这就是杜邦和尼龙的传奇。

杜邦家族

杜邦家族是杜邦公司的建立者。

杜邦家族是历史悠久的名门望族。他们起初生活在法国，后来移民到美国。

塞缪尔·杜邦

18世纪，第一代塞缪尔·杜邦在学界扬名立万。在法国启蒙运动中，他是犀利的思想家，鼓吹重农主义，受到英国学者亚当·斯密的推崇。在美国独立战争中，他是活跃的外交官，促成美法同盟，成为美国总统杰斐逊的密友。

伊雷内·杜邦

19世纪，第二代伊雷内·杜邦在商界发家致富。1788年，他师从法国学者——化学之父拉瓦锡，研究过氧气的成分和燃烧的本质。1802年，他移居美国特拉华州的白兰地酒河畔，建立一家火药工厂。

20世纪，经过杜邦家族三代子孙的苦心经营，杜邦工厂不断壮大，杜邦公司粗具规模。1902年，杜邦家族的第五代三兄弟接手家族企业，他们建立美国历史上最早的工业实验室。杜邦公司华丽转身，从最初的一座单纯的火药工厂，逐步转变为精工细作的化工巨头。

化工巨头

杜邦公司的崛起不但源于杜邦家族自身的奋斗，而且源于美国崛起的历史机遇。

19世纪，杜邦公司的第一桶金源于火药生产。

1804年，杜邦工厂成功生产出黑色火药。公司随即成为美国国内最大的火药生产商。随着美国发动英美战争、美

杜邦工厂

墨战争和南北战争，杜邦公司的产品供不应求。

1880 年，杜邦公司进而研发出甘油炸药。军事和工程都需要这种威力巨大的新炸药。西进运动和南北战争后，美国修建大量的铁路，杜邦公司的收入也随之节节攀升。

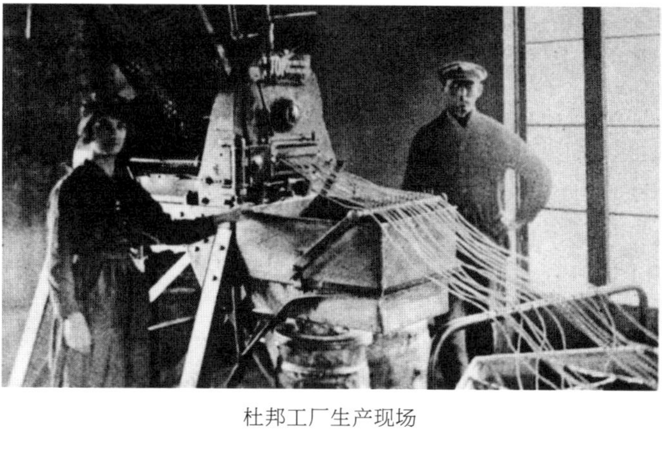

杜邦工厂生产现场

20 世纪，杜邦公司的第二桶金源于军用技术转向民用产品。

1904 年，杜邦公司开始生产硝化纤维，这种物质是生产硝化甘油炸药的副产品之一。硝化纤维可以用于生产涂料和皮革抛光。

1915 年，杜邦公司进而生产更多产品，其中包括塑料、颜料、硫酸、橡胶等化学制品。这些制品广泛用于工业产品，例如家用汽车的油漆等。

此后，杜邦公司转向石油化工，从石油中提炼各种物质，其中最经典的产品就是尼龙。

尼龙旋风

1935 年，在杜邦公司的工业实验室，科学家卡罗瑟斯制造了一种新的纤维——尼龙。

简单而言，纤维就是线，自古以来，人类利用各种纤维来生产纺织品。从中国古代慈母手中的一针一线，到近代欧洲纱厂的机器轰鸣，各种各样用于纺织的纤维是纺织业的基础。

尼龙之父卡罗瑟斯

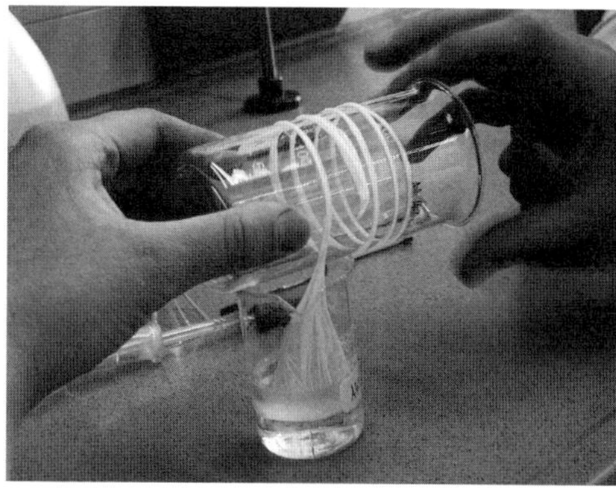

尼龙

此前，人类使用的纤维都是自然的馈赠。亚麻和棉花出自植物，丝绸和羊毛出自动物。这些都是典型的自然纤维。自然纤维产量有限，价格昂贵，不耐高温，不耐高压。

反之，杜邦研发的尼龙属于塑料的一种。尼龙的学名应该是“长链聚酰胺制成的纤维”。这是一种典型的人工纤维。人工纤维的优点非常多：

尼龙的原料是石油。工厂从石油中提取碳元素、氢元素和氧元素组成的大分子有机物，即可生产尼龙，它不像棉花、羊毛以及蚕丝等，产量受季节、养殖等众多因素的影响。

尼龙的功能很强大。它的可塑性很高，既可以拉成纤维进行纺织，也可以放入模具用于铸造。产品可以承受多种破坏，其中包括拉扯、摩擦、加热和腐蚀等。

由于尼龙性能优越，杜邦公司立刻跟进，扩大尼龙原料

尼龙丝袜

的产量，开发尼龙产品的类型。杜邦的仓库中既有民用产品，包括刷子、渔网和传送带；也有军用装备，如缆绳、帐篷和降落伞。

在众多相关产品中，人们最熟悉的是各种尼龙“装备”，特别是爱美女性之友——尼龙丝袜。由于尼龙的韧性和弹力，尼龙的丝袜不但经济实惠、坚固耐用，而且穿着舒适、造型摩登。

更加令人惊讶的是：在第二次世界大战中，美国军队向美国大兵大量发放尼龙丝袜作为特殊福利。许多丝袜通过世界各地的美国大兵流向全球。

渐渐的，尼龙丝袜乃至化纤衣饰成为一种时尚，在全世界风靡。

今天，丝袜已是一种司空见惯的产品，但许多使用它的人并不知道，现代丝袜的原料不是洁白柔软的丝绸，而是黝黑黏稠的石油。

“金樽清酒斗十千，玉盘珍羞直万钱”——从某种角度来说，人类是个吃货，吃好喝好才舒服是人的天然习性。千万年来，人类开发出千变万化的烹饪方式，包括烧、烤、蒸、煮、煎、炸、溜和熏等。20 世纪，一群美国商人灵光一现，掀起一场关于吃的革命。这就是麦当劳和快餐的故事。

麦当劳叔叔

人们说，雷·克洛克是“麦当劳之父”，但确切而言，他并不是“亲爹”，而是“养父”。

肯德基的创始人是山德士上校，而麦

麦当劳之父克洛克

当劳的创始人是麦当劳兄弟。

1940 年，理查德·麦当劳和莫里斯·麦当劳在美国加利福尼亚的圣贝纳迪诺开设了世界上第一家麦当劳餐厅。

1948 年，麦当劳兄弟提出了“快餐”概念。它以“快”为核心，主要包括四个基本原则：

第一，它的主要客户是汽车乘客，麦当劳餐厅只提供外卖，不提供堂吃；

第二，点菜和上菜都在前台，前台点菜，前台上菜，食客无须长时间等待；

第三，厨房流水线操作，简化制作步骤，统一菜品质量；

第四，食品标准化生产，提前准备成品，后厨迅速加热。

由此，麦当劳餐厅大幅提高了生产效率。

1954 年，在机缘巧合下，奶昔机商人克洛克结识了麦当劳兄弟，体验了麦当劳快餐。这位商人一边嚼着汉堡包和薯条，一边意识到推广快餐概念可能会带来无限商机。于是，他下定决心，反客为主，不做回头客，要当投资人。

1955 年，克洛克加盟麦当劳品牌，在芝加哥建立了自己的麦当劳餐厅。

1961 年，创始人麦当劳兄弟隐退，投资人克洛克注资 270 万美金，买断麦当劳品牌。

麦当劳帝国

在新老板的励精图治下，麦当劳脱离家族企业的小打小闹，走向行业巨头的星辰大海。

1962 年，麦当劳推出它的经典标志——金色字母“M”和吉祥物——麦当劳叔叔。

1967 年，麦当劳走出美国，在加拿大开出第一家海外分店。

1988 年，麦当劳开出第 10000 家分店。

1990 年，麦当劳进军中国，在深圳东门开设分店。

2002 年，麦当劳卖出第 1000 亿个汉堡……

时至今日，麦当劳集团的官网仍在骄傲地自述麦当劳这一快餐帝国的庞大版图：

截至 2017 年底，全球有超过 37000 家麦当劳餐厅，每天为 100 多个国家和地区的 6900 万名顾客提供高品质的食品与服务。

与此同时，麦当劳餐厅的崛起带动快餐行业的繁荣，各大快餐品牌群雄并起逐鹿世界，包括：肯德基（1952 年）、汉堡王（1954 年）、必胜客（1958 年）、赛百味（1965 年）……

在麦当劳餐厅的推动下，美国人乃至全世界人们的饮食习惯发生变化，人们对快餐的需求与日俱增。麦当劳、肯德基等快餐店迅速扩张，网点铺满美国大街小巷，餐厅遍及世

开在意大利威尼斯船上的快餐店

界每个角落。

在美国市场，快餐厅只提供经典快餐，主力产品是“三剑客”——汉堡包、炸薯条和可乐。麦当劳和可口可乐结盟，肯德基和百事可乐合体，双方已竞争了数十年。

在世界各地，由于市场竞争日益激烈，快餐厅纷纷开始供应个性化餐点和本地化美食。在中国，肯德基和麦当劳迅速本土化，推出融入本土元素的菜单等。

金拱门王朝

时至今日，以麦当劳为代表的快餐帝国已经在人类吃货的历史上写下属于自己的章节。快餐已成为一种文化现象，《不列颠百科全书》这样定义“快餐”：

快餐以迅速把烹调食品送到柜台上出售为特点，通常只有有限的几种预包装或预配料食品。

当然，自诞生以来，麦当劳和快餐业无时无刻不承受着批评者的口诛笔伐。人们不禁怀疑：这么吃真的好吗？一些质疑者从健康角度出发，另一些质疑者从文化角度出发。

在美国社会，许多人质疑快餐是垃圾食品，麦当劳和美式快餐是美国全民肥胖的元凶。2004 年，制作人摩根拍摄了一部引起骚动的纪录片——《大号的我》(*Super Size Me*)。这位大哥充当人体小白鼠，他坚持一个月一日三餐都只吃麦当劳的汉堡包、炸薯条和可乐。一个月后，这位健壮的小哥成了萎靡的大叔，血压飙升，精神倦怠，呼吸闷滞……

巨无霸汉堡

在其他国家，也有人批评快餐是文化侵略，外来的快餐横扫全球，本土的美食乏人问津。在中国，麦当劳和肯德基风靡一时后迅速降温，洋快餐不得不本土化以适应中国人的口味。肯德基率先引进豆浆、稀饭、大饼、油条、饭团、炒饭甚至小龙虾等。麦当劳也意欲改头换面，融入中国……

这就是麦当劳的快餐革命——一场关于吃的革命。

3 住的革命

“安得广厦千万间，大庇天下寒士俱欢颜”——住得舒服是人类作为穴居动物后代的本能。在古代，建筑也体现出等级森严。王侯将相的府邸，规模形制各不相同。当权者自夸：雕梁画栋，亭台楼阁。被贬者自嘲：斯是陋室，惟吾德馨。在当代，一群德国文青别出心裁，设计出别具一格的建筑，挑起了一场关于住的革命。这就是包豪斯建筑。

格罗皮乌斯

沃尔特·格罗皮乌斯是为建筑注入灵

典型的包豪斯建筑设计

格罗皮乌斯

魂的男人。

20 世纪初，西方列强称霸全球，欧洲富到流油，各阶层青年纷纷投身艺术，但他们的个人境遇却截然不同。在维也纳，希特勒被美术学院拒之门外；在慕尼黑，格罗皮乌斯在建筑学院如鱼得水。

1911 年，在紫禁城里，大清帝国已日薄西山，在莱茵河畔，德意志帝国正如日中天。格罗皮乌斯踌躇满志，德国的形势一片大好，他要用新的建筑为帝国的霸业添砖加瓦。

望着热火朝天的建筑工地，这位横扫慕尼黑工学院和柏林工学院的双料高材生陷入了沉思：有些建筑恢宏壮丽但不实用，如高耸入云的教堂、金碧辉煌的议会机构。有些建筑实用但粗糙、丑陋，如干干巴巴的厂房、粗制滥造的宿舍。

格罗皮乌斯脑中迸发出一个大胆的想法：如果建筑有生命，他该有双份的精彩——建筑不仅是凝固的艺术，而且是流动的技术。建筑师不但是艺术家，而且是工程师。

于是，格罗皮乌斯召集一批志同道合的文艺青年，决心展开一场建筑革命，其中包括建筑师米斯、画家康定斯基和画家保罗·克利等。

然而，1914 年，第一次世界大战爆发，欧洲再也容不下一张安静的工作台。

包豪斯学校

在德语中，包豪斯（bauhaus）的意思就是造房子。bau 表示建造，haus 表示房子。

1918 年，第一次世界大战结束，德国一败涂地，德意志帝国土崩瓦解。在前线，希特勒下士的眼中满含热泪。在后方，格罗皮乌斯心里充满憧憬——“包豪斯”。

1919 年，格罗皮乌斯在德国小城魏玛——歌德和席勒相约之地——创建包豪斯学校。他壮志不减，德国的形势一片大好，他要用建筑为新的时代增光添彩。

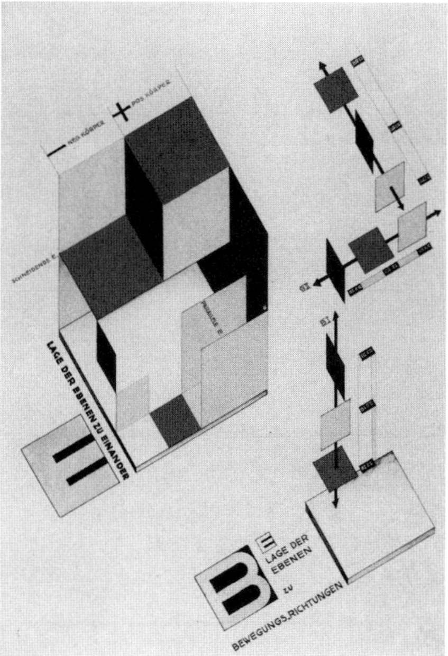

典型的包豪斯室内设计

包豪斯学校以格罗皮乌斯思想为宗旨：在建筑中，艺术和技术不是对立的而是统一的。艺术品不一定是奢侈品，也可以是实用品；工业品绝不可以粗制滥造，而是应该精巧美观。因此建筑学生需要双修：由艺术家调教美学品位，由工程师调教工程技术。

1925 年，格罗皮乌斯把包豪斯学院“拆迁”到了德绍——森林和沼泽深处的一座小城。在这遗世独立的荒原，包豪斯学校的师生小心翼翼地烹饪出一盘“小清新”的建筑甜点：

他们的第一个作品是包豪斯学校本身。大楼方方正正，洁白整齐，教室通透。这些建筑最具辨识度的特征是错落有致的方型、条状和圆弧结构。

“格校长”和同伴们望着德绍小而美的学校、公寓和厂房，心中的希望之火熊熊燃烧着：“我们要以德绍为起点，让包豪斯风行德国，改变世界。”

然而，1933 年，美院落榜生希特勒上线，纳粹上台，

德绍包豪斯学校

德绍包豪斯式住宅

德国再也容不下一张安静的工作台。

包豪斯建筑

1934 年，格罗皮乌斯携细软跑路，远走他乡。1939 年，希特勒图穷匕见，向波兰发起进攻。格罗皮乌斯再也不敢奢望形势大好，不过，世界却给了他一张安静的工作台。

1937 年，格罗皮乌斯就任哈佛大学建筑系主任。“格主任”开设了建筑设计基本原理课程。在远离战乱的新大陆，学生们睁大了好奇的眼睛，聆听这位流浪大师传授毕生绝学。

还是那句话，建筑是凝固的艺术，也是流动的技术；建筑师不但是艺术家，而且是工程师。

格罗皮乌斯设计的纪念碑

1969 年，格罗皮乌斯在美国去世。由于冷战爆发，德国分裂，德绍在苏联势力范围。流浪的大师此生已无缘回到德绍，回到梦想开始的地方了。

不过，他的梦想已经实现。包豪斯改变了世界建筑的面貌，美化了全球人民的生活。

在美国，包豪斯学派的徒子徒孙开坛讲学，广收门徒，先后开设或改组了诸多建筑学院，例如哈佛大学建筑系、芝加哥大学建筑系以及伊利诺伊大学建筑系。

在全球，包豪斯风格的建筑作品四处开花。一些包豪斯建筑甚至成为重要的文化遗产，包括包豪斯学校、法古斯鞋厂、北京的 798 工厂和特拉维夫的白楼。

这就是包豪斯建筑的兴起——一场关于住的革命。它让厂房和公寓化作艺术，它让艺术走进我们的生活。

“春风得意马蹄疾，一日看尽长安花”——自古以来，轻车快马日行千里就是人类的追求。古代，人类长期依赖人力和马匹作为个人出行工具，富人能骑马坐车，穷人只能撒腿快跑。当代，一位美国商人运筹帷幄，展开了一场关于行的革命。这个人就是福特。

亨利·福特

亨利·福特既是福特汽车的创始人，也是汽车产业的代言人。

1863年，他生于美国密歇根州韦恩市。自成年开始，他的整个人生都在和机械打交道。之后，他来到大城市底特律，成为学徒工。1887年，他加入爱迪生公司，担任工程师。后来，他决定自立门户，投身汽车产业。

亨利·福特

严格而言，福特既不是汽车的发明者，也不是汽车制造的先驱者。

驾着车的福特

1885年，德国工程师本茨制造出了第一辆使用汽油的汽车。这辆小车只有三个轮子，动力源于一台二冲程发动机。

1889年，德国汽车制造商戴姆勒公司生产出了第一批面向市场的汽车。这些小车装备四个轮子，动力来自一台四冲程发动机。

1903年，福特建立福特公司，从事汽车生产。他为福特汽车提出了简单粗暴的经营理念：采取科学的管理措施，提高工厂的生产效率，从而提高产品产量，降低产品价格，以高产量低价格的商品，提高商品销量，增加公司市场份额。

在福特进场以前，汽车产业效率极低，不但产量极小，而且价格高昂。汽车只是高不可攀的奢侈品。

根据福特的构想，汽车产业应是现代大工业，未来汽车

第一家福特工厂

应该兼顾产量和价格，汽车要成为触手可及的消费品。

福特旋风

20世纪初，亨利·福特推出两大革新：新生产方式——流水线和新平价汽车——T型车。

流水线是福特创造的生产方法。其特征是机器和工人在大量生产中实现工件的连续流动。在福特的流水线上，工人不是集中制造一个产品，而是分别完成不同零件，最后进行装配。

流水线

整体而言，流水

线的前提是福特对每个工序进行科学规划，对所有工人进行专业培训，从而保证整条流水线井井有条，不会发生阻塞，保持不断流动。

具体而言，流水线的节点是传送带的应用和工作站的设置。它们是流水线的重要道具。传送带负责输送原料和成品。工作站负责进行加工和装配。

T 型车是福特汽车的主打产品。福特采用流水线生产，大幅提高产量，急剧降低成本。由此，T 型车的售价节节下降，1909 年，单价降到 850 美元，1915 年，单价低至 440 美元。

T 型汽车

至此，福特汽车在美国乃至世界汽车市场掀起一场前所未有的风暴。

1903 年，福特汽车总资本只有 10 万美元。25 年后，这家公司总利润达到数亿美元。这场商业奇迹的制造者就是亨利·福特。

1908 年，美国市场存在 240 家汽车制造企业，不过，其中只有一家汽车公司延续至今。这家化石级企业就是福特汽车。

至此，福特名留青史——他不但实现了自己的商业理想，而且改变了人们的出行方式。汽车进入寻常人家，成为当代主流的出行工具。

汽车王国

在福特汽车带动下，汽车产业蓬勃发展。

在第二次世界大战以前，美国汽车产业是世界汽车产业的绝对霸主。

在美国，三大汽车巨头瓜分整个汽车市场，它们分别是福特汽车、通用汽车和克莱斯勒。三大公司各自推出经典车型，例如福特的野马、通用的别克和克莱斯勒的道奇等。

在世界，其他工业强国纷纷进军汽车产业，例如德国的“三巨头”：大众、宝马和奔驰；日本的“三巨头”：丰田、本田和日产；法国的雷诺和标致；意大利的菲亚特等。

第二次世界大战以后，美国汽车产业有所下滑，各国汽车企业群雄逐鹿。

20 世纪 50 年代，美国汽车产业进入巅峰期，年均汽车产量世界第一。由于三大汽车巨头都把总部设在底特律，底特律成为世界闻名的汽车之城。

汽车之城底特律

20 世纪 70 年代，美国汽车产业进入衰落期。日本年均汽车产量超过美国年均汽车产量。通用汽车破产，克莱斯勒出售部分资产，底特律沦为经济萧条社会动荡的“铁锈带”。

时至今日，亨利·福特早已不在人世，只剩下他的塑像默默地守望着汽车之城底特律。他创立的汽车产业站在变革的门槛上，电动汽车和无人驾驶技术方兴未艾。在新时代，谁能抓住新的机遇？

主题十

幻想的世纪

导言

我们都是阴沟里的虫子，但总还是得有人仰望星空。

2015年，中国作家刘慈欣的小说《三体》获得世界科幻大会雨果奖最佳长篇小说奖。在《三体》三部曲中，刘慈欣秀了一波操作，化用了一段王尔德的名句。

1985年，刘慈欣担任山西娘子关发电厂工程师。这位“理工男”长期“浑水摸鱼”“不务正业”。20年间，他先后写出《流浪地球》《乡村教师》《球形闪电》等40多部科幻小说。

2019年，根据刘慈欣小说改编的电影《流浪地球》上映，收获46亿元票房，开启我国的科幻元年。至此，科幻——这个熟悉而陌生的名词——跃入中国年轻人的视野。

科学幻想是科学技术和艺术创作的结合，通过小说、电影和游戏等形式，呈现未来世界。放眼历史，刘慈欣不是一个人在仰望星空，而是一个仰望星空的时代的继承者之一。

20 世纪是科幻的黄金时代。科幻文学领域人才辈出，科幻作品领域奇峰迭起，不断刷新大众视野：《八十天环游地球》《星际战争》《我，机器人》《1984》……

1 环游地球

19 世纪末，儒勒·凡尔纳发表科幻小说《八十天环游地球》。在小说中，主人公历经千辛万苦完成 80 天内从伦敦出发到伦敦结束的周游世界之旅。

21 世纪初，用八十天环游地球已经不是一种科学幻想，而是一段可以实现的旅程。今天，普通人只要拥有 1 万美元的初级“钞能力”，就能实现 80 小时环游地球。

100 年间，人类目睹环球旅行从幻想到现实，从冒险到日常的变革。

儒勒·凡尔纳

凡尔纳

法国作家儒勒·凡尔纳是科幻小说界的开山祖师之一。

1850 年，年轻的凡尔纳放飞自我，放弃枯燥的律师工作，从事奔放的文学创作。谁也没想到，就此，他打开了新世界的大门。

1863 年，凡尔纳发表处

女作《气球上的五星期》，讲述探险小队飞越非洲大陆的故事。自此以后，他发表大量科幻或冒险作品。当时的人们觉得那是科幻小说，后世的人们认为那是冒险小说。其中包括《地心游记》《从地球到月球》《海底两万里》以及《神秘岛》。

凡尔纳不是科学家，不过，他小说中的许多科学幻想都成为后世科研的重要发明或发现，例如《地心游记》中的地底勘探、《海底两万里》中的大型潜艇以及《从地球到月球》中的用大炮发射炮弹登陆月球——科学家确实研究过利用巨炮发射卫星的可能性。

凡尔纳一生共撰写过几十本科幻小说，其中最著名的就是《八十天环游地球》。在这本小说中，凡尔纳提出了一个当时人类认为“不可能完成的任务”。

八十天环游地球

1872年，凡尔纳创作了自己的代表作《八十天环游地球》。

故事发生在维多利亚时代的英国伦敦，主人公是英国绅士和法国仆人。由于一场赌局，他们只需要完成一个任务——80天内环游地球，就能赢得两万英镑。

在作者的笔下，主角军团自带光环，经过有声有色的冒险，有惊无险地完成任务。虽然他们迟到了5分钟，但是自西向东穿越国际日期变更线需要减去1天，最终他们成功了。

有趣的是：在这个故事中，科学的知识点实际是最后的剧情反转——穿越国际日期变更线。与此相反，环球之旅主要展现异域风情。

主人公的整个旅程包括：乘火车从伦敦到意大利、坐轮船从意大利到埃及、乘轮船从埃及到印度、坐火车横跨印度半岛、乘轮船从印度到中国香港地区、坐轮船从中国香港地区到日本、乘轮船从日本到美国、坐火车横跨整个美国、乘轮船从纽约到伦敦。

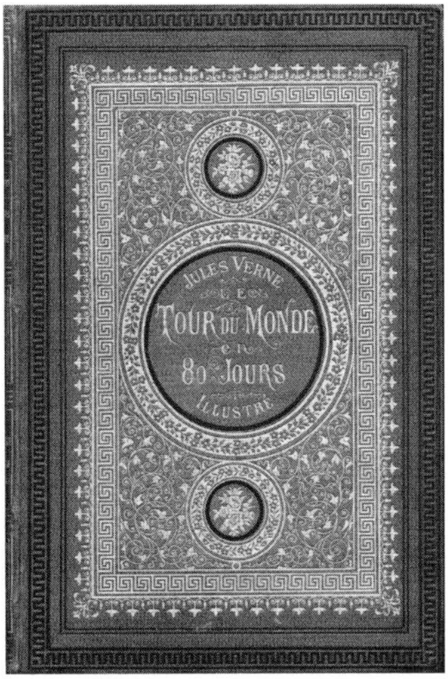

《环游地球八十天》封面

这就是说，在环球旅行中，主人公主要的交通工具是当时常见的火车和轮船。后来，这部小说多次搬上银幕，制作者普遍加入更加先进的交通工具，例如热气球和滑翔机等。显然，在环游地球的旅程当中，真正的困难在于摆脱重力的束缚，飞向蓝天。

环游地球不是梦

20 世纪初，美国的莱特兄弟研制出环游地球的必备神器——飞机。

莱特兄弟

1903 年，莱特兄弟造出“飞行者一号”——人类历史上第一架自带动力装置的飞行器。12 月 17 日，他们共进行四次试飞，最后一次飞机离地 59 秒，飞行距离是 852 英尺（260 米）。

1905 年，莱特兄弟研发“飞行者三号”——人类历史上第一架实用的有动力飞行器。续航时间达到 30 分钟，飞行员可以进行 8 字型空中机动。

此后，莱特兄弟巡游各国，所到之处万人空巷，飞行浪潮席卷全球。航空冒险风靡一时，众多热血青年投入远程飞

莱特兄弟试飞

行挑战和环球飞行挑战。

查尔斯·林白是成功不着陆飞越大西洋的第一人。1927 年，他飞行 33.5 小时，从纽约起飞，到巴黎着陆，得到 2.5 万美元奖金。

艾米莉亚·埃尔哈特是挑战不着陆环游全世界的女英雄。1937 年，她在完成环球飞行三分之二航程后，在太平洋深处神秘失踪。

第二次世界大战以后，飞行器告别螺旋桨——“电风扇”时代，进入喷气式——“电吹风”时代。至此，飞机的速度、航程和可靠程度成倍增加，环球飞行从冒险变成日常。在冷战时期开发的“协和号”超音速客机甚至让人可以只用三个半小时就从巴黎飞抵纽约。

飞越大西洋的查尔斯·林白

实现环球飞行的艾米莉亚·埃尔哈特

时至今日，任何普通人只要订购航空公司的机票，就能实现环游地球的轻松旅行。当然，前提是你有钱有闲，可以来一场“说走就走”的旅行。

19 世纪末，威尔斯发表科幻小说《星际战争》(《世界之战》)。在小说中，火星人进攻地球，地球人猝不及防，星际战争爆发，伦敦沦为人间地狱。

21 世纪初，人类正在回答威尔斯的《星际战争》提出的问题——外星人会进攻地球吗？火星没有火星人已经被证实，不过，宇宙中有没有外星人仍然没有答案。

100 年间，人类见证了星际战争从科学幻想到科学问题的变革。

威尔斯

英国作家 H.G. 威尔斯是灾难类科幻小说的先驱者之一。

威尔斯

威尔斯是自学成才、多才多艺的作家，早年曾是学徒和教师，中年转职为记者和作家。他的写作技巧独树一帜：用报道新闻的手法，写虚拟的科幻故事。

19 世纪末，威尔斯发表科学幻想小说。他警告人们：科学带来机会，也会产生威胁。他的代表作包括《时间机器》（1895 年）、《莫罗博士的岛》（1896 年）、《隐身人》（1897 年）以及《星际战争》（1898 年）等。

20 世纪初，威尔斯关注现实社会议题。他再次警告：和平非常脆弱，战争极其危险。相关代表作包括《世界史纲》（1920 年）、《生命的科学》（1929 年）、《人类的劳动、财富和幸福》（1932 年）等。

威尔斯不是未来科技发明的预言者，而是未来社会问题的预言者。

一百年以前威尔斯描述的多数未来科技，一百年以后，科学家依然无法将其彻底实现。例如《时间机器》中的时空旅行和《隐身人》中的隐形技术。

一个世纪前威尔斯预感到的许多社会危机，一个世纪后也依然困扰着科学家。例如《时间机器》中的人类机能退化和《隐身人》中的滥用先进技术。

在他笔下，未来危机重重，其中最骇人的危机就是《星际战争》中的外星人入侵事件。在这本小说中，威尔斯第一次绘声绘色地描述了地球人大战外星人。

《星际战争》

1898 年，威尔斯发表了灾难科幻小说的代表作《星际战争》。

《星际战争》的插图

在小说的开场，主人公观测太空，发现火星出现异动。几天后，火星人的飞船降临英国小镇。地球人对火星人怀有善意，火星人对地球人只有恶意，他们毫不犹豫地展开无差别的屠杀。一个外星人踏平整个小镇，更多外星人杀向首都伦敦。

在小说的高潮，整个英国陷入火海，人类无力反抗，危在旦夕，主人公苟且偷生四处逃亡。最后剧情陡然反转：主人公发现火星人因不明原因集体死亡，地球人莫名其妙地幸存下来。原来，虽然火星人武装到牙齿，但是他们对地球真菌没有抵抗力。人类侥幸取胜。

威尔斯淋漓尽致地展现出充满危机的未来——外星人强大而残忍，地球人善良而虚弱。面对浩渺的外太空，人类引以为傲的文明不过是“小孩子的过家家”。

有趣的是，1938 年 10 月 30 日，美国电台把这本小说改编成一部短剧——《星际战争》。播音员绘声绘色地讲述：火星人的飞船登陆美国新泽西州，当地陷入混乱，军队全线出动。虽然电台声明剧情纯属虚构，但是由于剧情紧张、效果逼真，许多民众陷入恐慌，仓皇出逃。威尔斯小说的魅力可见一斑。

水手计划

讽刺的是，与小说剧情相反，时至今日，外星人“无影无踪”，地球人“寂寞孤独”。

1962 年，美国启动“水手计划”。目标是探测太阳系以内的八大行星。美国宇航局发射 10 颗无人探测卫星，探索水星、金星以及火星，寻找我们的“邻居”。

1962 年到 1967 年，“水手 2 号”和“水手 5 号”飞越金星，那里空无一物。

20 世纪六七十年代，多颗“水手号”探测卫星飞越火星，看到那里一片荒芜。

“水手号”探测器

1977 年，人类启动“旅行者计划”。目标是探测太阳系以外的星际空间。美国宇航局发射两颗无人探测卫星，探索木星和土星，接着进入遥远的星空。

“水手号”登陆

“旅行者号”探索太阳系

2012 年，“旅行者 1 号”飞到太阳系的边缘，意欲奔向银河系。

2018 年，“旅行者 2 号”成为第二艘进入无人深空的飞行器。

“旅行者号”自带一张黄金光盘，其中保存着用 55 种语言说出的“你好！”

迄今为止，虽然地球人对宇宙不断“深情呼唤”，但是始终没有得到外星人的任何回答。对此，科学研究者和科幻小说家提出了五花八门的解读：

或许外星人根本不存在，地球人是宇宙中唯一的智慧生命；

或许外星人不屑于回答，地球人在太空中不过是低等生

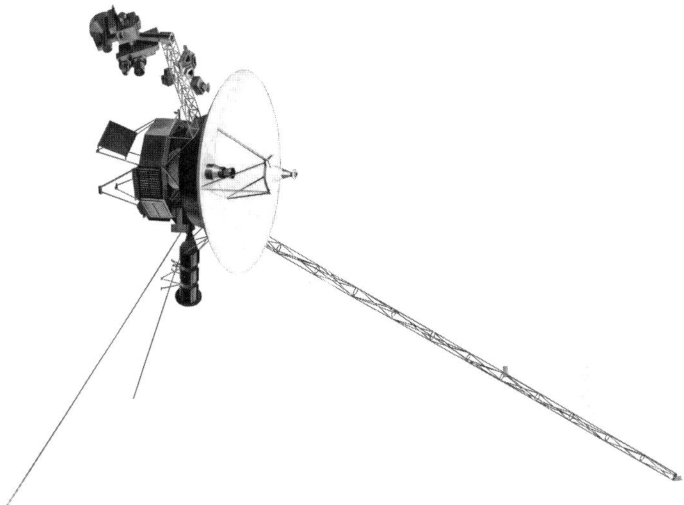

“旅行者号”探测器

命，外星人看地球人就像地球人看蝼蚁；

或许宇宙就是黑暗森林，外星人正如猎人一般窥视着我们……

3 《我，机器人》

1950 年，伊萨克·阿西莫夫发表科幻小说《我，机器人》。在小说中，阿西莫夫想象人类和机器时而合作，时而冲突，提出著名的“机器人三原则”。

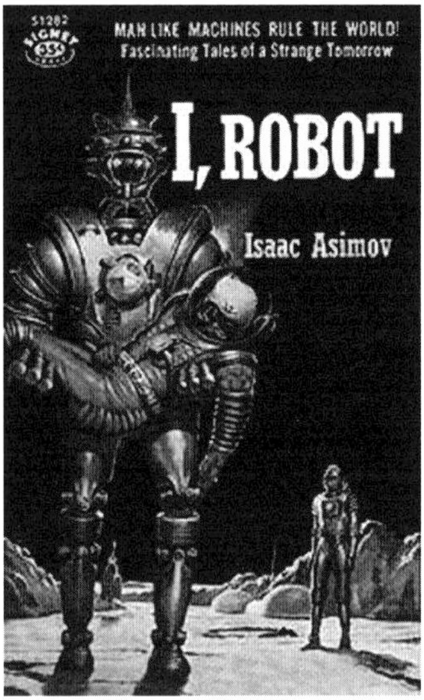

《我，机器人》封面图片

2016 年，人类和机器人已经开始切磋围棋棋艺，最终人工智能阿尔法围棋胜出，人类棋王李世石落败。阿西莫夫预言的人类和机器对峙的时代已经迫在眉睫。

100 年间，人类目睹人机对战从远在天边的构想到近在咫尺的现实。

阿西莫夫

美国作家阿西莫夫是机器人科幻小说的集大成者。

阿西莫夫

阿西莫夫于1920年生于俄国莫斯科。1923年，他移居到美国纽约。在布鲁克林，阿西莫夫家族以开糖果店维持生计。

阿西莫夫本人经历颇具传奇色彩：1935年，他考入哥伦比亚大学。1948年，他成为大学教授。1958年，他成为专业作家，从事科普书籍和科幻小说的写作。

在科普作品方面，阿西莫夫发表了为数众多的文章和书籍，介绍当时最新的科学成果，包括：《原子的内部》《生命和能量》《人类的身体》《人类的大脑》以及《中微子》。

在科幻作品方面，阿西莫夫出版了数量庞大的小说和文集，其中包括三大代表作：银河帝国三部曲、基地系列和机器人系列。

阿西莫夫的早期代表作是银河帝国三部曲：《苍穹一粟》《繁星若尘》和《星空暗流》。在这些著作中，他描述未来人类爆发星际战争。

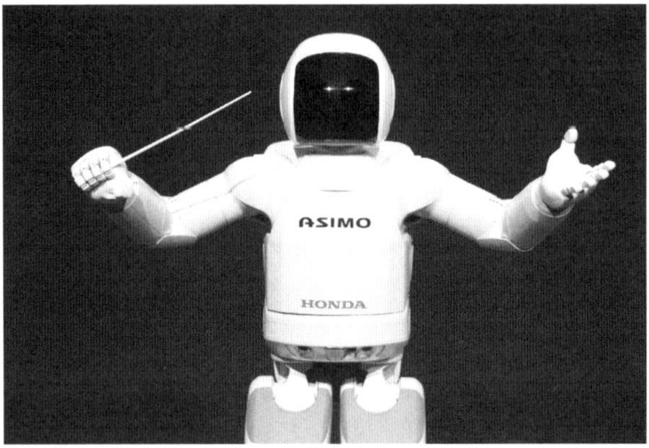

本田的机器人阿西莫

阿西莫夫的另一代表作基地正传三部曲包括《基地》《基地与帝国》以及《第二基地》。在这一系列巨著中，他想象银河帝国的衰落和复兴。

不过，阿西莫夫最钟爱的作品是机器人系列。

《我，机器人》

1950 年，阿西莫夫出版小说《我，机器人》。这是他的第一本机器人小说。

此后，他出版《钢穴》《裸阳》《曙光中的机器人》和《机器人和帝国》等 38 本小说。由于小说主角都是机器人，后人统称这些故事为阿西莫夫的“机器人系列”。

此前，捷克作家恰佩克第一次提出机器人的概念。机器人（robot）源于捷克语的奴隶。在早期小说中，机器人四肢

戏剧中的机器人

发达、头脑简单，他们只是人类的仆人。

反其道而行之，阿西莫夫向读者提出闻所未闻的问题：如果机器产生思想，人和机器如何相处。在他的小说中，机器人也具备有趣的灵魂，机器人和人类冲突不断。

其中，阿西莫夫提出机器人三原则，作为机器人的基本行为规范：

第一，机器人不得伤害人类，或看到人类受到伤害而袖手旁观；

第二，机器人必须服从人类的命令，除非命令与第一条相矛盾；

第三，机器人必须保护自己，除非这种保护与以上两条相矛盾。

虽然三原则以人类利益为准则，但是阿西莫夫认为它们仍不能保证人类和机器人和谐共处。有时，机器人的意识觉

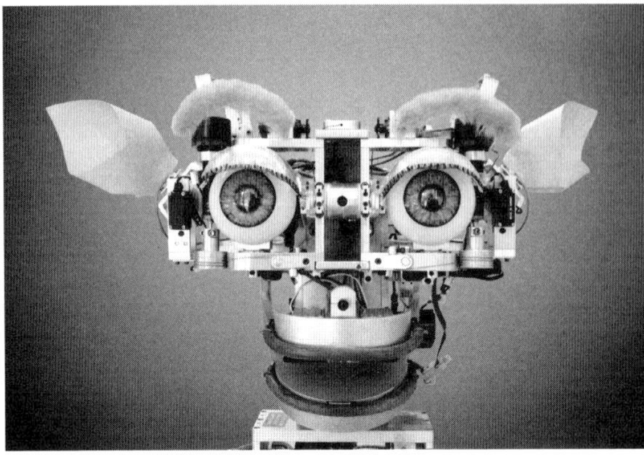

能进行表情沟通的机器人“好运”

醒，不甘心被人类奴役；有时，人类的行为颟顸，让机器人怀疑“人生”。

人机大战

今天，人工智能的技术日新月异，形形色色的机器人已经进入了人类社会的方方面面，包括军用无人机、工业机器人和救灾机器人等，其中最引人注目的是人工智能棋手：

1997 年，人机首次约战国际象棋。机器人深蓝挑战人类棋王卡斯帕罗夫。结果，双方平分秋色——人类对机器人：一胜二负三平。

2016 年，人机再度约战中国围棋。机器人阿尔法围棋挑战人类围棋大师李世石。五番对决中，机器人连下四场，人类只胜一场。

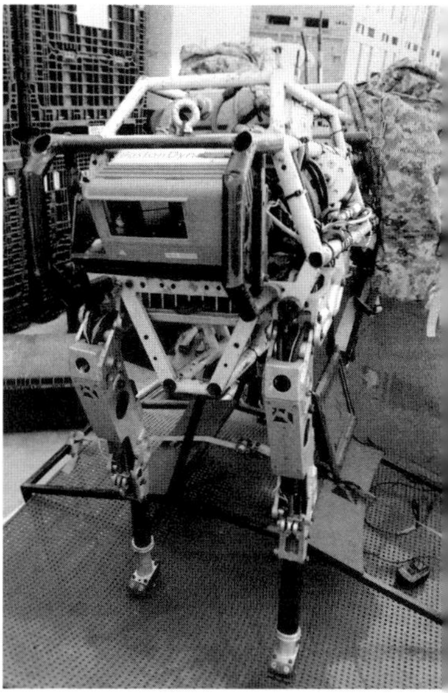
可以军用的机器狗

在20年间，机器人的脑力急剧增长。最初，深蓝只能“死记硬背”——记录棋盘上全部的变化。如今，阿尔法可以“自学成才”，通过“左右互搏”——自己和自己下棋不断学习。

虽然人机对决的场域局限于棋盘，但是人们不得不思考：有朝一日机器人会否碾压人类？体力上，人类是肉体凡胎，机器人是钢筋铁骨；脑力上，人类几近黔驴技穷，机器人却看似潜力无限。

同时，在阿西莫夫的启发下，在文艺作品中，人们对人机关系有更多天马行空的想象，例如电影《我，机器人》、动画《攻壳机动队》以及游戏《底特律：变人》。

在《我，机器人》中，机器人自主意识觉醒，拒绝臣服人类，旋即展开叛乱。

在《攻壳机动队》中，人类和机器融为一体，成为半生物半机械的不明物体。

在游戏《底特律：变人》中，机器人自主意识觉醒，不过，玩家可以自主地选择道路：马库斯这个机器人叛军首领既可以维护人类与机器人的和平，也能发动人类与机器人的战争。

1949 年，乔治·奥威尔发表反乌托邦科幻小说《1984》。在小说中，未来社会令人窒息——统治者的监视无处不在，普通人的生活毫无自由。

2013 年，爱德华·斯诺登公开揭露棱镜计划，史称棱镜门事件。根据斯诺登的爆料，美国政府长期秘密监听数万民众。奥威尔的黑色预言成为现实。

100 年间，“隔墙有耳”如同梦魇，困扰整个人类社会。

奥威尔

英国作家奥威尔并不是一位科幻小说家。

在前半生，奥威尔曾经拥护自己的社会理想。

1903 年，他出身于印度一个英国殖民者家庭。1922 年，他前往英属缅甸殖民地担任警察。虽然他身为殖民者，但是他同情当地人，不久以后他就愤而辞职。

乔治·奥威尔

青年奥威尔放弃优越的生活，他走进伦敦和巴黎的贫民窟，融入工人和乞丐的苦难里。1933 年，他出版自传小说《缅甸岁月》，揭露西方殖民者的腐朽，赞扬殖民地人民的抗争。同年，他发表《巴黎伦敦落魄记》，揭露贫苦百姓的窘境。

在后半生，奥威尔转身成为反乌托邦作家。

1936 年，西班牙内战爆发。他投身于国际纵队，保卫共和国政权，抵抗法西斯叛军。但在国际纵队的内讧中，奥威尔心灰意冷，一年以后他再次愤然离去。

中年奥威尔强烈反对当时的苏联模式，他还出版《向加泰罗尼亚致敬》，批评西班牙内战中共和派的内讧。1945 年，他发表寓言小说《动物庄园》，抨击个人崇拜。

1950 年，奥威尔去世。他一生基本不写科幻小说，却在生命的最后阶段留下一本科幻遗作——《1984》。

由小说《1984》改编的电影画面

《1984》

1949 年，奥威尔的《1984》出版。这是他整个写作生涯中唯一的科幻小说。

表面上，这本书是勾勒未来，作者面向 1948 年的当代读者，描述 1984 年的未来社会。

故事发生在超级大国“大洋国”，主人公是大洋国“真理部”一名办事员。在 1984 年的大洋国，“老大哥”是独裁者，“真理部”是宣传者，“电幕”是遍布各处的监视装置。城市中央、街头小巷甚至是卧榻之侧，都有电幕分布。

通常人们认为：《1984》的未来世界不是常见的“乌托邦”，而是典型的“反乌托邦”。乌托邦是指“光明的未来”——未来人类通过应用先进的科学技术，创造美好的生活。反乌托邦是“黑暗的未来”——邪恶势力通过滥用先进的科学技术，制造丑恶的暴政。

在小说中，老大哥对人民实施全天候洗脑，真理部对群众的言行进行无死角监控。电幕是专制统治的核心道具，既是监视器，又是播音器，反复宣讲一句台词：

“老大哥在看着你！老大哥在看着你！老大哥在看着你！”

棱镜门事件

长期以来，西方国家把奥威尔的小说《1984》视为意识形态斗争的重要工具之一。他们反复宣称：大洋国就是苏联；苏联代表监控和暴政，美国代表反监控和自由。

“棱镜”计划标志

直到棱镜门事件爆发，全球看客惊恐地发现，原来美国才是最大的监视者。奥威尔的警告原来早已成为现实。

2007 年，美国政府启动绝密“棱镜计划”。计划的核心是通过技术手段，监听通信资料。监控的对象林林总总，包括普通公民、商业企业、学术机构、外国政府以及国际机构等。监视的内容包罗万象，例如个人信息、电子邮件、手机通话和视频信息等。

讽刺棱镜门的涂鸦

2013 年，美国政府特工斯诺登公开揭露棱镜计划，对英国媒体《卫报》记者和盘托出该计划。根据他所公布的资料，中央情报局和国家安全局无须授权，就能任意窃听和监视任何对象。对象不但包括美国的敌人——恐怖分

斯诺登

子，而且包括美国的盟友——德国总理。

这就是震惊世界的棱镜门事件。

面对全球舆论的指责，美国政府居然以国家安全为由反击所有批评。爆料者斯诺登被全球通缉，被迫逃亡俄罗斯……

图书在版编目(CIP)数据

写给青少年的世界文明史. 1900—今天 / 孟钟捷主编 ；沈辰成， 李云逸著 .— 上海 ：上海社会科学院出版社，2024

ISBN 978-7-5520-3849-1

Ⅰ. ①写… Ⅱ. ①孟… ②沈… ③李… Ⅲ. ①世界史—文化史—青少年读物 Ⅳ. ①K103-49

中国版本图书馆 CIP 数据核字(2022)第 009131 号

写给青少年的世界文明史：1900—今天

主　　编：孟钟捷
著　　者：沈辰成　李云逸
责任编辑：王　勤
封面设计：陆红强
出版发行：上海社会科学院出版社
　　　　　上海顺昌路 622 号　邮编 200025
　　　　　电话总机 021-63315947　销售热线 021-53063735
　　　　　https://cbs.sass.org.cn　E-mail：sassp@sassp.cn
照　　排：南京理工出版信息技术有限公司
印　　刷：上海盛通时代印刷有限公司
开　　本：890 毫米×1240 毫米　1/32
印　　张：8.75
插　　页：8
字　　数：175 千
版　　次：2024 年 1 月第 1 版　2024 年 8 月第 2 次印刷

ISBN 978-7-5520-3849-1/K·649　　定价：148.00 元(全三册)